JN081808

おいしい楽しい！
しあわせ
4コマレシピ

まいのおやつ

• はじめに

こんにちは、まいのおやつです。
この本を手にとってくださりありがとうございます!

このたび、昨年出版した『作るのも食べるのも! まちどおしくなるごはん』がご好評いただき、2冊目のイラストレシピ本を出させていただくことになりました。

今回は、レシピを4コマまんがの形で紹介しています。
目指したのは「まんがのように楽しく読めて、作るとおいしくて幸せになれる本」です。

忙しい日々の中、限られた時間でキッチンに立って、自分の作った料理がおいしくできるとうれしくなります。
作ったものを家族や大事な人たちが「おいしい!」と喜んでくれたらもっとうれしい!
そんな喜びを感じていただけるレシピを作ろうと、約1年間試行錯誤しました。

掲載しているのは我が家の定番おかずから、何度も作っているお気に入りの副菜、炊き上がりがまちどおしくなる炊き込みごはん、大切な人と食べたいおやつまで、とっておきのレシピ76品。

まんがを読むような感覚で本を開いて、献立を考える時間、料理をする時間もいつもよりほんのちょっと楽しんでいただけたらうれしいです。
この本が少しでもお役に立てますように。

まいのおやつ

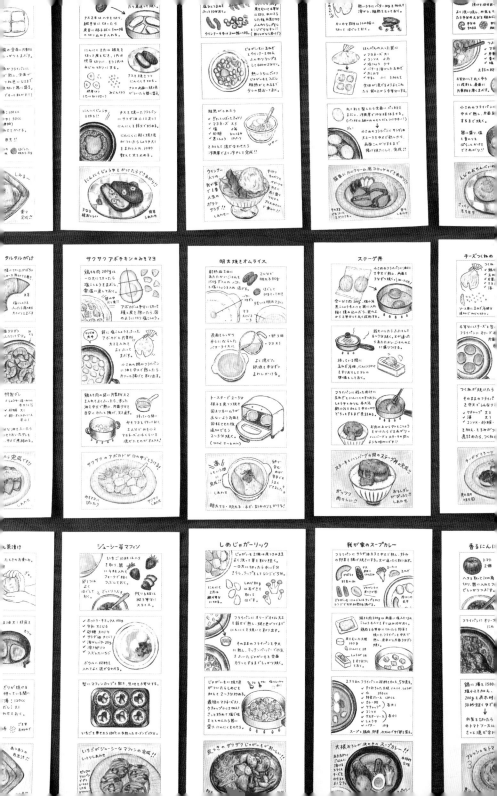

タルタルがけ

サクサクアボチキンのみそマヨ

明太焼きオムライス

ステーキ丼

チーズつくねの

茶漬け

ジューシー苺マフィン

しめじのガーリック

我が家のスープカレー

香るにんにく

CONTENTS

PART 1

何度でも食べたくなる！
主役おかず

我が家の定番

お魚レシピ

PART 2

食卓を支える!
副菜&汁物

CONTENTS

PART 3

1品で楽ちん＆大満足！

ごはんもの＆麺

食卓を彩る お楽しみ炊き込みごはん

PART 4

おうちカフェ時間に!
おやつ

この本のレシピの使い方

POINT

各工程で注意してほしいポイントや調理のコツが書かれています。

材料

このレシピで使う材料を記載しています。分量は2人分を基本に、レシピによっては作りやすい分量を書いています。

作り方

4コマまんが形式で作り方を紹介しています。イラストを見て楽しみながら作ってください!

アレンジ・献立例など

アレンジレシピや、オススメの食べ方などを紹介しています。一部のレシピには、オススメの組み合わせを書いたメニュー表を載せているので、献立の参考にしてみてください。

本書のレシピについて

- 材料の表記は大さじ1 = 15cc（15㎖）、小さじ1 = 5cc（5㎖）、1カップ = 200cc（200㎖）です。
- 電子レンジは600Wを使用しています。500Wの場合は、1.2倍を目安に様子を見て加熱時間を加減してください。
- レシピには目安となる分量や調理時間を表記していますが、様子を見て加減してください。
- 飾りで使用した材料は明記していないものがあります。お好みで追加してください。
- 野菜類は特に指定のない場合は洗う、皮をむくなどの下準備をすませてからの手順を記載しています。
- 火加減は特に指定のない場合は中火で調理しています。

PART 1

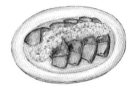

何度でも食べたくなる!

主役おかず

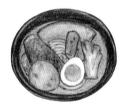

我が家で大人気の主役おかずを3つのテーマに分けてご紹介。
何度も作っている定番レシピに、魚を使った洋風&和風レシピ、
おうちパーティにもぴったりな華やかおかずまで全24品。
お気に入りを見つけていただけたらうれしいです。

かぼちゃ肉巻きの カレータルタルがけ

こだわりの特製ダレで照り焼きにしたかぼちゃ肉巻きと、
やさしい風味のカレータルタルが相性抜群です。

材料（2〜3人分）

かぼちゃ… ⅙個
豚ロース薄切り肉… 8枚
玉ねぎ… ⅛個
ゆで卵（固ゆで）… 1個
塩、こしょう… 各少々
薄力粉… 大さじ1

マヨネーズ… 大さじ3
カレー粉、酢… 各小さじ½
砂糖… ひとつまみ
サラダ油… 大さじ½
ドライパセリ… 適量

【特製ダレ】
しょうゆ、酒、みりん
　…各大さじ1と½
砂糖… 大さじ1
酢、オイスターソース
　…各小さじ1

1

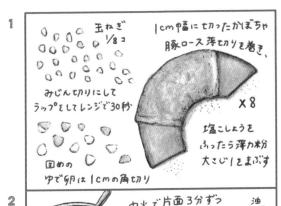

玉ねぎ 1/8コ

みじん切りにして ラップをしてレンジで30秒

固めの ゆで卵は1cmの角切り

1cm幅に切ったかぼちゃ 豚ロース薄切りを巻き、

×8

塩こしょうを ふったら薄力粉 大さじ1をまぶす

2

焼う時間にタルタルを!

✓ マヨネーズ 大3
✓ カレー粉 小1/2
✓ 酢 小1/2
✓ 砂糖 ひとつまみ
✓ 玉ねぎ
✓ ゆで卵

よく混ぜ合わせる。

中火で片面3分ずつ 弱火でふたをして5分。

油 大1/2

POINT

肉の巻きおわりから焼くときれいに仕上がる。

3

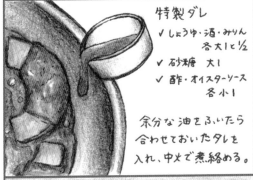

特製ダレ

✓ しょうゆ・酒・みりん 各大1と1/2
✓ 砂糖 大1
✓ 酢・オイスターソース 各小1

余分な油をふいたら 合わせておいたタレを 入れ、中火で煮絡める。

POINT

かぼちゃがやわらかくなっているため、タレを絡めるときはそっと裏返す。

4

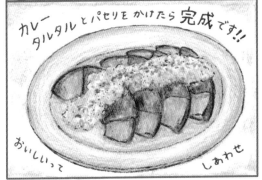

カレータルタルとパセリをかけたら 完成です!!

おいしいって

しあわせ

11

サクサクアボチキンの
みそマヨ

揚げたアボカドのサクッ＆とろ～とした食感がたまらない！
何度でも作りたくなるお気に入りレシピです。

材料（2人分）

鶏もも肉 … 200g
アボカド … 1個
塩、こしょう … 各少々
片栗粉 … 大さじ4
サラダ油 … 大さじ4

【みそマヨ】
マヨネーズ … 小さじ4
みそ … 小さじ2

1

鶏もも肉200gは
一口大に切ったら
塩こしょうをまぶし、
常温に戻しておく。

袋の中
だと楽!!

アボカドは半分に切って
種と皮を除いたら、図
のように切り塩こしょう。

POINT

固めのアボカドでも揚
げ焼きにするとやわら
かく仕上がる!

2

サラダ油
大4

袋に塩こしょうをふった
アボカドと片栗粉
大2を入れて
よくふって
まぶす。

小さめの鍋かフライパン
に油を中火で熱したら、
カリッと揚げて とり出す。

3

鶏もも肉の袋に片栗粉大2
を入れてよくふったら、余った
油を中火で熱し、片面3分を
目安に カリッと焼き、火を通す。

待っている間に
みそマヨを作っておく
2人分で みそ小2
マヨネーズ小4くらいを
混ぜたものがオススメ!

POINT

みそは合わせみそでも、
赤みそでも好みのもの
でOK。七味を入れて
もおいしい!

4

サクサクの アボカドが 口の中でとろける!

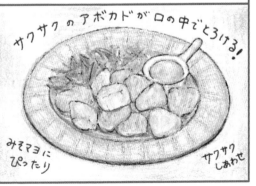

みそマヨに
ぴったり

サクサク
しあわせ

献立例

menu

サクサク!!

アボチキンの
みそマヨ

ごはん、水菜
にんじん
食べるミルクカレースープ

カリもち！
豚こまチーズ焼き

袋に入れてこねて焼くだけ！　はんぺん入りでもちもち食感を楽しめます。
はみ出たチーズもカリカリでおいしい♪

材料（2人分）

はんぺん … 1枚（100g）
豚こま切れ肉 … 250g
ピザ用チーズ … 50g
片栗粉 … 大さじ3

マヨネーズ … 大さじ1
塩、こしょう … 各適量
サラダ油 … 適量

1

はんぺん 1枚を袋に入れて
よくつぶしたら

✓ 豚こま 250g
✓ チーズ 50g
✓ 片栗粉 大さじ3
✓ マヨネーズ 大さじ1
✓ 塩こしょう

袋に加えてよくこねる。

POINT

塩、こしょうはしっか
りめに。きざんだ大葉
を混ぜてもおいしい。

2

ジュー

8等分にして平らに丸める
↓
フライパンに
少量の油を
中火で熱し
片面4分焼き
裏返す。

3

ふたをして
弱中火で
4分焼く。

ジュー

カリ
カリ

4

こねて焼く
だけで
おいしく
できて
しあわせ

カリカリチーズ最高!!

もち
もち

カリ
カリ

このまま食べてもおい
しいですが、塩こしょ
うやとんかつソース、
マヨネーズ、トマトケ
チャップをかけても◎

我が家のスープカレー

大根おろしのピリッとした辛みで、スパイスのような深い味わいに!
我が家で定番のスープカレーレシピです。

材料（2人分） ※野菜は一例

あたたかいごはん
　… 適量
かぼちゃ… ⅟₁₆個
ナス … 1本
まいたけ … 80g
玉ねぎ … ¼個
にんじん … ⅓本

じゃがいも … 1個
長芋 … 4cm
鶏もも肉 … 200g
サラダ油 … 大さじ3
塩 … ふたつまみ
こしょう … 4ふり
ゆで卵（好みで）… 1個

【カレースープ】

大根 … 100g
にんにく、しょうが … 各1片
水 … 350cc
野菜ジュース … 120cc
カレー粉、トマトケチャップ … 各大さじ1
顆粒コンソメスープの素、ウスターソース、
　しょうゆ … 各小さじ1
バター… 10g

1 フライパンに サラダ油大3を 中火で熱し、好みの野菜を揚げ焼きにする。火が通ったら とり出す。

かぼちゃ

ナス 皮目に 切り込み

まいたけ

玉ねぎ

野菜の例

じゃがいもは 皮つきが◎

厚切りの 長芋

じゃがいも・にんじんは ラップをかけ レンジで4分加熱後揚げる。

POINT

具材はこの他にもピーマンやれんこんがオススメ。好きな野菜でアレンジ！

2 鶏もも肉200gは 両面に塩ふたつまみ、こしょう4ふりをすり込み10分おく。

鶏肉を6等分に切ったら 野菜と焼いたフライパンを 中火で熱し、皮目から片面3分ずつ焼く。

皮をむいた大根 100g

にんにく 1片

しょうが 1片 をすりおろし ておく。

3 2コマ目のフライパンに材料を加え、5分煮る。

- ✓ すりおろした大根・にんにく、しょうが
- ✓ 水　　　　350cc
- ✓ 野菜ジュース　120cc
- ✓ カレー粉　⎞
- ✓ ケチャップ　⎠ 各大1
- ✓ コンソメ　⎞
- ✓ ウスターソース　⎠ 各小1
- ✓ しょうゆ
- ✓ バター　　10g

スープと鶏肉、野菜、お好みでゆで卵を盛る。

POINT

野菜ジュースは好みのもので。使用するジュースによって味わいが少し変わる。

4 大根おろしが決め手の スープカレー‼

あたたかい ごはんに 溶ける スライス チーズを のせると よく合う。

本格的 な味

スパイシー しあわせ

チーズライスの 作り方

1 炊きたてのごはん（またはあたためたごはん）に溶けるスライスチーズをのせてしばらくおく。 **2** チーズが溶けたらドライパセリをかける。

カニクリーム風楽々コロッケ

はんぺんとカニカマで作る簡単カニクリーム風コロッケ。
ふわふわ食感とやさしい味付けでお子さんにもオススメです。

材料（2人分）

はんぺん … 1枚（100g）
玉ねぎ … ¼個
カニ風味かまぼこ … 80g
バター … 10g
マヨネーズ … 大さじ1
顆粒コンソメスープの素 … 小さじ⅓

塩、こしょう … 各少々
牛乳 … 小さじ1
パン粉 … 適量
サラダ油 … 大さじ2〜3
とんかつソース（好みで）… 適量

1

はんぺん1枚(100g)
を袋に入れて
よくつぶす。

〜なめらかに〜

玉ねぎ¼個
はみじん切り
にしてラップを
つけてレンジで1分。

熱いうちにバター10gを加えて
溶かし、粗熱をとっておく。

カニカマ80gは1cm幅に
切って ほぐしておく。

2

はんぺんの入った袋に
✓ マヨネーズ 大1
✓ コンソメ 小⅓
✓ 塩こしょう 少々
✓ バターを溶かした玉ねぎ
✓ カニカマ
✓ 牛乳 小1 を加えて

全体が混ざるようよくこね
たら、袋の上から4等分にする。

POINT

表面を平らに成形する
と、少ない油でもきれ
いに焼き色がつく。

3

丸く形を整えたら全面にパン粉を
まぶし、冷蔵庫で10分程休ませる。
(パン粉は細かめのものだとつけやすい!)

↓

ジュー

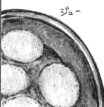

小さめのフライパンにサラダ油
大2〜3を中火で熱したら、
両面こんがりするまで
揚げ焼きにして、完成!!

POINT

生でも食べられる食材
なので、焦げないよう
に短時間で揚げ焼きに
する。

4

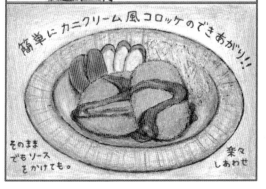

簡単にカニクリーム風コロッケのできあがり!!

そのまま
でもソース
をかけても。

楽々
しあわせ

献立例

おしながき♡

カニクリーム風コロッケ
万能ねぎごまみそ冷奴
ごはん、おみそ汁

チーズつくねの
トマトソースがけ

チーズ入りの洋風鶏つくねに、トマトソースをかけた自信作の1つ。
中にたっぷりチーズが入っているので満足感◎

材料（2人分）

【つくね】
鶏ひき肉 … 250g
玉ねぎ（みじん切り）
　… ¼個
片栗粉 … 大さじ2
マヨネーズ … 大さじ1

酒、しょうゆ
　… 各小さじ½
溶けるスライスチーズ
　… 2枚
オリーブオイル
　… 大さじ½

【トマトソース】
玉ねぎ … ⅛個
トマトケチャップ … 大さじ2
酒 … 大さじ1
顆粒コンソメスープの素、砂糖、
　しょうゆ … 各小さじ1

1

つくねの材料を袋に
入れてよくこねる。

ソース用に玉ねぎ
⅛個分をみじん切り。

溶けるスライスチーズ
2枚は半分に切って
小さく折り畳む。

POINT

溶けるスライスチーズ
を倍量(つくね1個に
つきチーズ1枚)にす
ると、さらに満足度が
アップ!

2

4等分にしてチーズを包んで丸く形を整えたら、
フライパンに オリーブオイル大½を中火で熱し
片面3分焼き、裏返したら
弱火でふたをして7分焼く。

くるん
と丸く
成形

POINT

つくねの中に入れるチ
ーズはモッツァレッラ
チーズがオススメ。

3

つくねが焼けたら取り出し、ソースを作る。

そのままのフライパンで玉ねぎ
を中火でしんなりするまで炒める。

↓

ソースの材料を加え
とろみがつくまで煮詰め
たら、つくねにかける。

POINT

冷めてしまった場合は、
つくねをレンジで軽く
温めるとチーズがとろ
っとする。

4

チーズがとろ〜り‼ トマトソースによく合う

見た目も
味も◎

しあわせ

献立例

menu

◇ チーズつくねの ◇
◇ トマトソースがけ ◇

アボカドのひんやりスープ

ごはん・付け合わせ野菜

ナスと肉団子の
辛みそ炒め

ごはんがどんどんすすむピリ辛風味のみそ炒めです。
肉団子は豚こま切れ肉を使って、おいしくお手軽に!

材料（2人分）

ナス … 2本
ピーマン … 2個
キャベツ … 3枚（150g）
豚こま切れ肉 … 250g
片栗粉 … 大さじ1
酒、しょうゆ … 各小さじ1

【辛みそタレ】
焼き肉のタレ … 大さじ3
みそ … 小さじ2
砂糖 … 小さじ½
豆板醤 … 小さじ½〜1
にんにくチューブ … 2cm分
七味唐辛子 … 少々

ごま油 … 大さじ½
白いりごま … 適量

1

 ナス
2本
乱し切り

 ピーマン
2個
乱し切り

キャベツ
3枚(150g)
ざく切り

 袋に豚こま250g、片栗粉大1
酒・しょうゆ各小1を入れて全体
が均一になるようもみ込む。

 10等分にして丸く成形
して肉団子にする。

POINT

肉団子ににんにくとし
ょうがのすりおろし
(チューブ可) を入れ
ると、さらに味にパン
チが出る。

2

肉団子を焼き
つつタレの材料
を合わせておく。

フライパンにごま油
大½を中火で熱し、
肉団子を時々転が
しながら3分焼く。

- ✓ 焼き肉のタレ 大3
- ✓ みそ   小2
- ✓ 砂糖   小½
- ✓ 豆板醤   小½〜1
- ✓ にんにくチューブ 2cm
- ✓ 七味唐辛子   少々

3

フライパンにナスを加えて
肉団子と一緒に3分炒める。

↓ ジュー

キャベツとピーマンも加えて
さっと炒めたら、合わせておいた
タレを入れて煮絡める。

器に盛り、いりごまをちらす。

POINT

キャベツとピーマンを
入れるタイミングで、
3cm幅に切ったニラを
加えてもおいしい!

4

ごはんによく合う 辛みそ炒めの完成!!

七味と
豆板醤
の量で
辛さの調節
ができます!!

どんどん
食べたくなる!
しあわせ

献立例

おっかれさま

ナスと肉団子の辛みそ炒め
さっぱり冷やしトマト、ごはん
中華料理屋さんの卵スープ

豚の角煮風大根

大根のジューシーさとやわらかさを生かした角煮風の肉巻きです。
レンジで作ることで簡単に、とろっと仕上げることができます。

材料（2人分）

大根 … 10㎝
豚ロース薄切り肉 … 16枚
ゆで卵（半熟）… 2個
片栗粉 … 大さじ2

【タレ】
水 … 100cc
砂糖、しょうゆ … 各大さじ2
酒 … 大さじ1
みりん … 大さじ½

1

大根10cmは皮をむいたら
8等分に切り、耐熱ボウルに
入れてラップをしてレンジで7分。

粗熱がとれたら
豚ロース薄切りを
2枚ずつぎゅっと巻きつけて
片栗粉大2を全面にまぶし
余分な粉をはたいておく。

半熟の
ゆで卵
を2個
作っておく。

POINT

大根は縦半分に切りそ
れぞれ横4等分に。レ
ンジで加熱後、大根が
隠れるように豚肉1枚
を巻きつけ、さらに1
枚ぎゅっと巻きつける。

2

大きめの耐熱ボウルにタレの材料を入れ、混ぜる。

- ✓ 水　　100cc
- ✓ 砂糖・しょうゆ 各大2
- ✓ 酒　　大1
- ✓ みりん　大½

大根の片面がタレに浸かる
ように並べたら、ふんわり
ラップをかけてレンジで4分
加熱し、レンジから取り出す。

3

片栗粉のかたまりができないよう、底から
そっとかき混ぜたら 大根を裏返す。
ラップをかけてレンジで3分。

加熱後すぐに ゆで卵
を加えて タレをよく
絡め、器に盛る。

POINT

大根から豚肉がはがれ
ないようにそっと裏返
す。

4

角煮風の
完成!!

レンジで
楽々

大根が
ジューシー
やわらか!!

しあわせ

あればゆでたチンゲン
菜を添えても!

えびのりじゃが

えびのおせんべいをイメージして作ったおかずで、我が家で大好評！
外はさくさく、中はもっちりの２つの食感を楽しんでください。

材料（2人分）

むきえび … 150g
じゃがいも … 200g
塩 … 小さじ1
酒 … 大さじ1
マヨネーズ … 大さじ2
片栗粉 … 大さじ1〜

水 … 大さじ1
青のり … 小さじ1
塩 … 小さじ¼〜⅓
サラダ油 … 大さじ2
塩、青のり … 各適量

1

むきえび150ｇ むきえびは背わたをとって塩小1をもみ込み、酒大1をふって10分おく。

じゃがいも200ｇは皮をむいて一口大に切ったら軽く水にさらし、ラップをしてレンジで7分チン。熱いうちによくつぶす。

よく洗い流し、水気を手ったら半分のえびを粗みじんに。

半分は
そのまま

半分は
粗みじん

2

つぶしたじゃがいもに えびと
✓ マヨネーズ 大2
✓ 片栗粉・水 各大1
✓ 青のり 小1
✓ 塩 小1/4〜1/3

上記の材料を加えよく混ぜる。

4等分にして丸く平らに成形し、表面に片栗粉を薄くまぶす。

えびがよく
見えるように
成形すると◎

POINT

じゃがいもの品種によってまとまり具合が変わるため、成形しにくい場合は少量の水を加える。

3

小さめのフライパンに サラダ油 大2を中火で熱し、片面約3分ずつこんがりするまで焼く。

ジュー

器に盛り、塩と青のりをぱらっとかけてできあがり!!

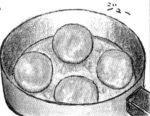

POINT

くずれないようにフライ返しを使ってそっと裏返す。

4

えびのおせんべいのようなおかずです!!

さっくり
もちもち

しあわせ

くるくるチンゲン菜しゅうまい

皮の代わりにチンゲン菜を使ったアレンジしゅうまい。
レンジで酒蒸しすることで、簡単にジューシーに仕上がります。

材料（2人分）

チンゲン菜 … 2株
酒 … 大さじ1

【肉だね】
豚ひき肉 … 200g
長ねぎ（白い部分、みじん切り）
　… 1本分
片栗粉、酒 … 各大さじ1
砂糖 … 小さじ2
しょうゆ、ごま油、オイスター
　ソース … 各小さじ1

塩 … 小さじ⅓
顆粒中華スープの素
　… 小さじ¼
にんにくチューブ、しょうが
　チューブ … 各2cm分

1

大きめの葉 8 枚を
はがして 耐熱皿
にのせ、ラップを
つけて レンジで
3分加熱する。

チンゲン菜
2株

袋に 肉だねの材料を
入れて よくこねる。

POINT

加熱後のチンゲン菜は
熱いため注意!

2

水気をふき取った
チンゲン菜の葉の上に
8等分にした肉だねを
丸く整えてのせ

葉で包んだら茎の
方向へくるくると
巻きつける。

くるん

ぎゅっ

同様に 計8個成形する。

POINT

チンゲン菜は茎の内側
を上向きにして巻きつ
けると巻きやすい。

3

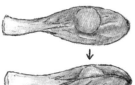

耐熱皿に並べ、酒大1をまわしかけたら
ふんわり ラップをして 600W のレンジで 5分。

そのまま 4分おき
余熱で火を通す。

中まで火を通す!!

余ったチンゲン菜
は一緒に加熱
してしゅうまいに添
えたり、スープにする
のがオススメです◎

余った
チンゲン菜で作る
即席スープ

1 チンゲン菜を 5cm幅に
切り、耐熱カップに入れ
てラップをかけてレンジ
で 1〜2分加熱する。
2 熱湯 150cc、顆粒鶏が
らスープの素小さじ1を
加えて混ぜ、白いりごま
をかける。

4

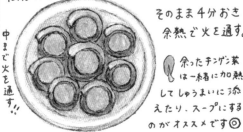

柔らかくてジューシーな しゅうまいの完成!!

お好みで
からしや
しょうゆを!!

しあわせ
食感

献立例

TODAY'S MENU

くるくるチンゲン菜しゅうまい

担々キャベツスープ

とろとろバターしょうゆ玉ねぎ

塩トマト・ごはん

ヤンニョムポテトチキン

ヤンニョムチキンと、カリカリ&ほくほくのポテトが最高！
チーズソースをかけてごほうび気分でどうぞ。

材料（2人分）

じゃがいも … 中2個
鶏もも肉 … 200g
塩、こしょう … 各少々
片栗粉 … 大さじ2
サラダ油 … 大さじ2
白いりごま … 適量

【ヤンニョムダレ】
砂糖、みりん、トマトケチャップ、
　コチュジャン … 各大さじ1
しょうゆ、水 … 各小さじ2
豆板醤、ごま油 … 各小さじ1
にんにくチューブ … 3cm分

1 じゃがいも中サイズ2個は皮をむいて2cm幅の半月切りにして、軽く水にさらしたらレンジで4分加熱。

鶏もも肉(200g)は一口大に切って塩こしょうをふり、袋に入れて片栗粉大さじ2をよくまぶす。

2 フライパンにサラダ油 大さじ2を中火で熱し、鶏もも肉とじゃがいもの両面をカリッと焼いたらふたをして弱火で5分焼く。

3 余分な油をふいてタレを入れて中火で煮絡める。

✓ 砂糖・みりん・ケチャップ コチュジャン 各大さじ1
✓ しょうゆ・水 各小さじ2
✓ 豆板醤・ごま油 各小さじ1
✓ にんにくチューブ 3cm

4 カリカリ ほくほく最高!!
チーズソースにつけるとよりしあわせ
いりごまをぱらっと
完成!

チーズソースの作り方

1 フライパンにバター10gを入れて弱火でじっくりと溶かす。
2 薄力粉小さじ1を加えてダマにならないようにゴムべらで混ぜる。
3 牛乳60ccを2回に分けて加え、弱火のまま混ぜる。
4 ピザ用チーズ40gを加え、全体にとろみがつくまで混ぜる。

オムライスやキムチ炒飯にかけるなど、いろいろな楽しみ方ができます!

至福の餅入りマーボーナス

サクサクの揚げ餅入りで食べごたえたっぷり！
ちょっぴり特別な気分になれる、大満足のマーボーナスです。

材料（2人分）

切り餅 … 2切れ
ナス … 2本
にんにく、しょうが … 各1片
長ねぎ（白い部分） … 10cm
豚ひき肉 … 220g
片栗粉 … 大さじ2
ごま油 … 大さじ3

A 甜麺醤、豆板醤
　　 … 各大さじ1
砂糖、しょうゆ
　　 … 各大さじ½
顆粒中華スープの素、
　　片栗粉 … 各小さじ1
水 … 200cc

小ねぎ（小口切り） … 適量

1

切り餅 2切れは 8等分に切り、水にくぐらせて 袋に入れ、片栗粉 大さじ2を加えてよくふっておく。

ナス2本はヘタを取ったら ましたぎり。

にんにく
しょうが
各1片

長ねぎの白い部分
10cm

それぞれ みじん ぎり!

2

フライパンにごま油 大さじ3を中火で熱し 餅とナスを転がしながら 5分揚げ焼きにして 一度取り出しておく。

A 調味料と 混ぜておく!!

✓ 甜麺醤 ⎫ 各大さじ1
✓ 豆板醤 ⎭
✓ 砂糖 ⎫ 各大さじ½
✓ しょうゆ ⎭
✓ 中華スープの素 ⎫ 各小さじ1
✓ 片栗粉 ⎭
✓ 水 200cc 入れる直前 にも混ぜる!!

POINT

甜麺醤を使うと本格的な味わいに。ない場合はみそでも大丈夫!

3

そのままのフライパンで にんにくとしょうがを中火で 炒め、香りが立ったら豚ひき肉 を加えて炒める。

火が通ったらAを加えて弱火に する。とろみがついたら ナス・餅・長ねぎを加えて さっと混ぜ合わせて完成。

POINT

3cm幅に切ったニラを 加えてもおいしい!

4

カリカリ餅入り 至福のマーボーナスの完成

小ねぎ をぱらり。

しあわせ!

献立例

おうち飯店

至福の餅入りマーボーナス
ころころネバネバサラダ
中華料理屋さんの卵スープ
ごはん

揚げないチキン南蛮

大さじ1の油だけで、カリッとジューシーにできるチキン南蛮。
下準備はポリ袋でOKなので洗い物が少ないのもうれしい!

材料（2人分）

鶏もも肉 … 1枚（約300g）
塩、こしょう … 各少々
片栗粉 … 大さじ3
卵 … 1個
サラダ油 … 大さじ1

【タルタルソース】
　玉ねぎ … ⅛個
　ゆで卵（固ゆで）… 1個
　マヨネーズ … 大さじ3
　牛乳 … 大さじ½
　酢 … 小さじ¼
　こしょう … 5ふり
　砂糖、塩 … 各ひとつまみ

【甘酢】
　砂糖、しょうゆ、酢
　　… 各大さじ1と½
　トマトケチャップ … 小さじ1

ドライパセリ（あれば）… 適量

1

鶏もも肉1枚は分厚いところ
を包丁で開いて半分にてカリ、
両面に塩こしょうをまぶす。

玉ねぎ
1/8コ

みじん切りにして
ラップをして30秒チン

固めのゆで卵
は1cm角に切る

袋の中で片栗粉大3をまぶし、
卵1個を割り入れてよくもみ込む。

片栗粉をまぶして卵を
絡める作業は、袋を使
うことで簡単&片づけ
が楽に!

2

小さめのフライパンに油大1を
中火で熱し.皮目から
3～4分.裏返して3分焼く。

同時にタルタルを作る

- ✓ マヨネーズ　大3
- ✓ 牛乳　　　大1/2
- ✓ 酢　　　　小1/4
- ✓ こしょう　5ふり
- ✓ 砂糖・塩　ひとつまみ
- ✓ 玉ねぎ
- ✓ ゆで卵

よく混ぜ合わせる。

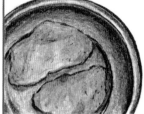

3

鶏肉に火が通ったら器に盛り、フライパンの
油をふき取り、甘酢を作る。

- ✓ 砂糖
- ✓ しょうゆ　大1と1/2
- ✓ 酢
- ✓ ケチャップ　小1

できあがったら甘酢と
タルタルをチキンにかける

上記の材料を中火にかけ、
煮詰めてしっかりとろみが
ついたら火を止める。

4

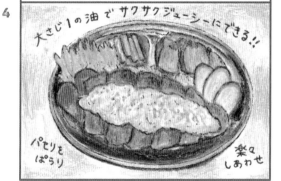

大さじ1の油でサクサクジューシーにできる!!

パセリを
ぱらり

楽々
しあわせ

献立例

menu

揚げないチキン南蛮
ピリ辛ニラダレ冷奴
ごはん．おみそ汁

サクサクチキンの
明太チーズソースがけ

チキンに明太チーズソースをかける食べ方は、家族から大人気!
少ない油で鶏むね肉をサクサクしっとり焼き上げるのがポイントです。

材料（2人分）

鶏むね肉 … 1枚（300g）
塩 … 小さじ⅛
酒 … 大さじ½
片栗粉 … 大さじ2
サラダ油 … 大さじ1
ドライパセリ … 適量

【明太チーズソース】
明太子 … 半腹（50g）
バター … 10g
薄力粉 … 小さじ1
牛乳 … 60cc
ピザ用チーズ … 30g

1

明太子は薄皮を取り除く。 =50g!!

鶏むね肉 300g

鶏肉は観音開きにして
タテ半分に切り、全体を
フォークで刺したら
塩小⅓、酒大½を
よくもみ込み、片栗粉
大さじ2をまぶす。

フォークで刺し、塩と
酒をもみ込むことでし
っとりやわらかく仕上
がる。

2

ジュー ジュー

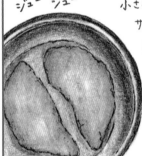

小さめのフライパンに
サラダ油大1を中火で
熱し、鶏肉を皮目
から3〜4分焼く。

こんがりしたら
裏返して追加で
3分焼き、器に盛る。

3

フライパンの油とふき取ったら
バター10gを弱火で熱し、
薄力粉小1を絡める。

↓

牛乳60ccを2回に分けて入れ、
混ぜる。最後にチーズ30gと
明太子を加えて とろみがつく
まで混ぜたら、鶏肉にかける。

あらかじめ材料を計量
しておくと、失敗なく
スムーズに作れる!

4

サクサクジューシーなチキンに明太ソースが◎

パセリも
ぱらり。

しあわせ

献立例

menu

サクサクチキンの
明太チーズソースがけ
アボカドのひんやりスープ
ごはん、付け合わせ野菜

鮭のサクサクカレー焼き

サクサク食感の焼き鮭は、カレー粉を使って洋風の味付けに。
バターで風味豊かに焼き上げるので、お子さんにもオススメです。

材料（2人分）

生鮭 … 2切れ
塩 … 小さじ½
マヨネーズ … 大さじ2
カレー粉 … 小さじ½

パン粉 … 大さじ2
粉チーズ … 大さじ1
バター … 10g
サラダ油 … 大さじ1

1

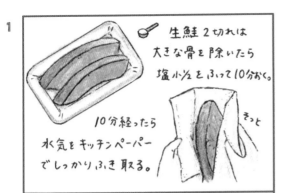

生鮭2切れは
大きな骨を除いたら
塩小½をふって10分おく。

10分経ったら
水気をキッチンペーパー
でしっかりふき取る。

そっと

POINT

骨をとれば食べやすさ
もアップ!

2

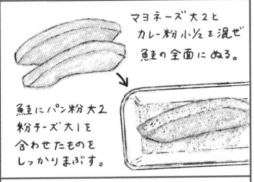

マヨネーズ大2と
カレー粉小½を混ぜ
鮭の全面にぬる。

鮭にパン粉大2
粉チーズ大1を
合わせたものを
しっかりまぶす。

3

ジュー
ジュー

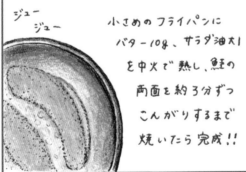

小さめのフライパンに
バター10g、サラダ油大1
を中火で熱し、鮭の
両面を約3分ずつ
こんがりするまで
焼いたら完成!!

POINT

焦げやすいため、様子
を見ながら焼き時間を
調整する。

4

ごはんがすすむ!! カレー風味が最高

サックサク

しあわせ

献立例

🐟
menu.

鮭のサクサクカレー焼き
我が家のベストポテサラ
パプリカとトマトの真っ赤なスープ
ごはん. レタス

ふわふわさわらステーキ

にんにく入りのソースが食欲をそそる♪
薬味と合わせて、さっぱりいただけるお魚レシピです。

材料（2人分）

さわら … 2切れ
塩 … 小さじ½
こしょう … 4ふり
サラダ油 … 小さじ1
酒 … 大さじ1

【ソース】
にんにく … 1片
ウスターソース、しょうゆ、
　みりん、酒 … 各大さじ½
砂糖 … 小さじ½
サラダ油 … 小さじ1

大葉、小ねぎ（小口切り）
　… 各適量

1

さわら2切れの両面に
塩小½ をふって10分おき
水気をキッチンペーパー
でしっかりふき取る。

にんにく1片は
みじん切りにしておく。

2

さわらの両面にこしょう4ふり
をまぶす。フライパンにサラダ油
小1を中火で熱し、両面に
焼き色をつける。

↓

弱火にして酒大1をまわし
かけ、ふたをして3分蒸し
焼きにする。火を止め、器に
盛りつける。

3

フライパンの汚れをきれいにふき取ったら
サラダ油小1を弱火で熱し、にんにくを炒める。
にんにくの香りが立ったら

- ✓ ウスターソース
- ✓ しょうゆ
- ✓ みりん   大½
- ✓ 酒
- ✓ 砂糖　小½

を加えて中火で煮詰め、
とろみがついたら火を止める。

4

3のソースをかけてできあがり。

大葉や
小ねぎを
添えて。

ふわふわ
おいしい!

ソースの使い方

さわらステーキ以外にも、
焼いた豚肉や鶏肉にかけ
てもおいしい!

41

タルタル in ふわしゃけ焼き

鮭とはんぺん入りの生地でタルタルを包んだ我が家の新定番レシピ。
一口かじるとあふれるタルタルに、思わず笑顔になってしまうはず。

材料（2人分）

塩鮭 … 1切れ
はんぺん（大判）… 1枚（120g）
ごま油 … 適量
マヨネーズ … 大さじ2
片栗粉 … 大さじ1
塩 … ひとつまみ
サラダ油 … 大さじ½

【タルタルソース】
玉ねぎ（みじん切り）… ⅛個
マヨネーズ … 大さじ1
酢 … 小さじ½
砂糖、塩 … 各ひとつまみ
こしょう … 3ふり

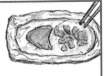

1 アルミホイルに薄くごま油を
ぬり、塩鮭1切れをのせて
グリルで7分焼く。火が通っ
たら骨と皮を除いてほぐす。

袋に塩鮭と大判のはんぺん、
マヨネーズ大2、片栗粉大1、
塩ひとつまみを入れてよくもみ
込む。生地がまとまったら袋
の上から4等分にしておく。

タルタルソースを包み
やすいように、大判の
はんぺんを使う。袋の
上からぎゅっと押さえ
ながらつぶすことでな
めらかになり、まとま
りやすくなる。

2

タルタルソース
の材料を混ぜる

✓ みじん切りの
　玉ねぎ 1/8個

✓ マヨネーズ 大1
✓ 酢　　　 小1/2
✓ 砂糖 ）ひとつ
✓ 塩　 ）まみ
✓ こしょう ふり

くるん

生地の1/4量を薄く広げ、
タルタルソースの1/4量をのせて
包み丸く成形する。
（タルタルは多少はみ出てもOK）

3 フライパンに サラダ油 大1/2を 弱めの中火
で熱し、カリッとするまで焼く。

ジュー

両面にほんのりと
焼き色が
ついたら
できあがり!!

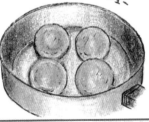

焦げやすいので様子を
見ながら焼く。

4

ふわふわの 生地から あふれる タルタル

しあわせ
新定番

お弁当のおかずにもお
すすめ!

てりてり焼きぶりじゃが

甘辛いタレでてりてりに仕上げた和風おかず。
サクサクに焼いたじゃがいもとふっくらとしたぶりが相性抜群です。

材料（2人分）

ぶりの切り身 … 2切れ
長ねぎ（白い部分）… 1本分
しょうが … 1片
じゃがいも … 2個
塩 … 小さじ½
酒 … 大さじ1

サラダ油 … 大さじ1と½
薄力粉 … 大さじ1

【タレ】
砂糖、しょうゆ、酒、水
　… 各大さじ1と½

小ねぎ（小口切り）… 適量

1

ぶりの切り身2切れ
は両面に塩小½をふり
酒大1をまわしかけ10分おく。
流水でそっと洗い、水気をふく。

長ねぎの白い
部分(1本分)
は4cm幅
に切っておく。

しょうが
1片は
薄切りに。

じゃがいも2個は
皮をむいて1cm厚さの
輪切りにし、軽く水に
さらしたら ラップをして
レンジで3分加熱する。

2

フライパンにサラダ油大1と½を中火
で熱し、じゃがいもと長ねぎを並べる。
じゃがいもは片面に焼き色がつくまで
動かさずにじっくり、長ねぎは転がしつつ焼く。

‖一口大に切れる‖
じゃがいもを裏返すタイミングで
薄力粉大1をまぶしたぶりも
加えて 両面に焼き色をつける。

焼き色がついたら余分な油をふき取る。

3

✓ 砂糖
✓ しょうゆ
✓ 酒   各大1と½ ‖てりてり‖
✓ 水
✓ しょうが

合わせておいた上記のタレを加え、
煮汁が少なくなるまで 煮絡める。

火からおろして器に盛り、小ねぎ
をかけたらできあがり!!

4

ふっくら焼いたぶりとほくほくじゃがいも!!

相性抜群   味しみしみ

POINT

長ねぎはじっくり焼い
てとろとろに! ぶり
は途中から加えること
で焼き時間がちょうど
よく、身が締まらずふ
っくら仕上がる。

献立例

おつかれさま

‖てりてり‖
焼きブリじゃが
ころころネバネバサラダ
ごはん、おみそ汁

45

キーマカレー餃子パイ

餃子の皮でキーマカレーを包んだパイ風おかず。
ホームパーティーに出せば喜ばれること間違いなしです!

材料（12個分）

餃子の皮 … 24枚
溶けるスライスチーズ
　… 2枚
片栗粉 … 小さじ1
サラダ油 … 大さじ1

【キーマカレー】
合いびき肉 … 100g
玉ねぎ（みじん切り）… 70g
水、トマトケチャップ
　… 各大さじ1と½
カレー粉、ウスターソース
　… 各小さじ2

砂糖 … 小さじ1弱
顆粒コンソメスープの素
　… 小さじ¼
にんにくチューブ、しょう
　がチューブ … 各2cm分

1

キーマカレーの材料を
耐熱ボウルに入れて混ぜ、
ラップをしてレンジで5分チン。

↓

🥄 加熱後
片栗粉小1を加え
よく混ぜ合わせる。

レンジでできてうれしい!!

溶ける
スライスチーズ
2枚は
それぞれ
6等分に
切っておく。

2

粗熱が取れたら、12等分にしたキーマ
カレーとチーズを餃子の皮の中央にのせ、
ぐるっと水をつけて もう1枚の皮で挟む。

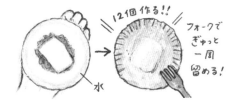

12個作る!!

フォークで
ぎゅっと
一周
留める!

水

3

クッキングシートを敷いた天板に並べたら、
両面にハケ等でサラダ油(大さじ1)を薄くぬる。

両面ともしっかり焼くのがコツ

200℃に予熱した
オーブンで表面を10分
焼き、裏返して追加
で5分焼き・両面が
こんがりしたら
できあがり!!

4

サクサクスパイシー!! 革命的なおいしさ!!

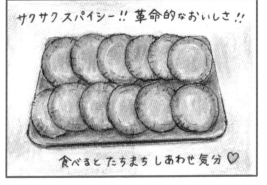

食べるとたちまち しあわせ気分 ♡

フライパンで
作る場合

大きめのフライパンに
サラダ油大さじ3をひき、
中火で4〜5個ずつ両面
がこんがりするまで揚げ
焼きにする。

────

トースターで
作る場合

アルミホイルを敷いた
天板に5〜6個ずつ並べ、
両面にサラダ油を塗る。
様子を見ながら表面4〜
5分、裏面2〜3分を目
安に両面がこんがりする
まで焼く。

献立例

キーマカレー
餃子パイ

味見すすむ コールスロー
とろあまあめ色ポタージュ・ごはん

れんこんとベーコンの餅ガレット

ザクザク、もっちりとした食感がたまらないガレット。
お餅とチーズがのびる焼きたてのうちにどうぞ!

材料（2人分）

れんこん … 200g
ハーフベーコン … 1パック（40g）
スライス餅 … 5枚
塩、こしょう … 各少々

薄力粉 … 大さじ2〜3
サラダ油 … 大さじ1
ピザ用チーズ … 40g
ドライパセリ … 適量

1

薄切りにしたれんこんを袋に入れ、塩こしょう少々と薄力粉大さじ2〜3をしっかりまぶす。

皮をむいた大きめのれんこん

2

油 大さじ1 ↓

油をひいたフライパンにれんこんの半量、ピザ用チーズを全体にぱらり、ハーフベーコン1パック、スライス餅を5枚、残りのれんこんを並べて乗せて中火にかける。

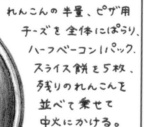

POINT

ベーコンとスライス餅の間に、大葉をはさんでもおいしい!

3

時々ぎゅっと押しつけつつ片面5分ずつカリッとするまでよく焼いて塩で味をととのえてパセリをかける。

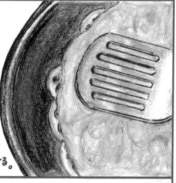

POINT

ガレットを裏返すときはフライパンのふたや大きめの皿を使うと返しやすい。

4

ざくざく もっちり!! 食感が楽しいガレット

しあわせ　食感

遊園地のミートソース春巻き

遊園地で売られているようなチーズ入りのミートソース春巻きをイメージ。
大人も子どももみんな大好きなはず!

材料(8本分)

合いびき肉 … 150g
玉ねぎ(みじん切り)… ½個
春巻きの皮 … 8枚
トマトケチャップ … 大さじ3
ウスターソース … 大さじ½
顆粒コンソメスープの素、薄力粉
　　　… 各小さじ1

砂糖 … 小さじ½
にんにくチューブ … 1cm分
片栗粉 … 小さじ1
溶けるスライスチーズ … 4枚
サラダ油 … 大さじ3〜4

【水溶き小麦粉】
水 … 大さじ1
小麦粉
　　… 大さじ1

1
- ✓ 合いびき肉　150g
- ✓ みじん切りの玉ねぎ　½個
- ✓ ケチャップ　大3
- ✓ ウスターソース　大½
- ✓ コンソメ・薄力粉　各小1
- ✓ 砂糖　小½
- ✓ にんにくチューブ 1cm

よく混ぜたら
室温までしっかり
冷ましておく!!

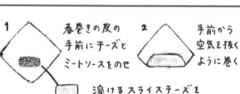

耐熱ボウルに上記の材料を入れ、ラップをして
レンジで**7分**加熱。熱いうちに片栗粉小1を加えて混ぜる。

2

1 春巻きの皮の
手前にチーズと
ミートソースをのせ

2 手前から
空気を抜く
ように巻く

溶けるスライスチーズを
半分に切ってのせる!!

3 左右の皮を
内側に折り
もうひと巻き

4 水溶き小麦粉で
のりづけして留める。
(計 8本作る)

3

フライパンに サラダ油
大3〜4をひき、春巻きを
並べて 中火にかける。

両面にこんがりと
焼き色がついたら
油を切って 器に盛る。

POINT

チーズは多少はみ出し
てもOK。カリッとし
ておいしい!

4

テーマパーク気分が味わえる春巻きの完成

サク
サク

パリ
パリ

ワックスペーパーなど
で包めば、テーマパー
ク気分でさらに盛り上
がる♪

餃子の皮で もっちりラザニア

一見難しそうなラザニアも、餃子の皮を使えば簡単にもっちり仕上がります。
ホワイトソースとミートソースもレンジでできるのでお手軽です。

材料（2人分）

A 合いびき肉 … 200g
　玉ねぎ（みじん切り）… ½個
　トマトケチャップ … 大さじ3
　顆粒コンソメスープの素、
　　薄力粉 … 各小さじ1
　砂糖、しょうゆ … 各小さじ½
　にんにくチューブ … 2cm分

餃子の皮 … 24枚
ピザ用チーズ … 適量
ドライパセリ … 適量

【ホワイトソース】
B 牛乳 … 大さじ2
　薄力粉 … 小さじ4
　顆粒コンソメスープの
　　素 … 小さじ¼
　塩、こしょう … 各少々
バター … 10g
牛乳 … 150cc

1

耐熱ボウルにAを入れて
軽く混ぜ、ラップをつけて
レンジで7分加熱しよく混ぜる。

ミートソース

ホワイトソース

別の耐熱ボウルにBを入れて
混ぜる。バターを加え、ラップなし
でレンジで20秒。よく混ぜる。

レンジで加熱している
間に、グラタン皿の内
側にキッチンペーパー
でサラダ油を薄く塗っ
ておく。生地がくっつ
かず洗い物が楽に！

2

泡立て器で混ぜながら
牛乳を加え、ラップなしで
レンジで2分加熱する。

↓

よく混ぜ合わせ、ラップなしで
追加でレンジで2分チン。
混ぜたらホワイトソースの完成！

ピ

POINT

ホワイトソースはあふ
れやすいため、大きめ
の耐熱ボウルを使うと
安心。

3

水に
さっ
とくぐ
らせて
2枚重ね
にする!!

POINT

餃子の皮をさっと濡ら
すことで、ラザニア風
のもっちり食感に仕上
がる。

餃子の皮 → ミートソース → ホワイトソース

上記の順番で3層に重ね、チーズをかけたら
トースターで10分程こんがりするまで焼く。

4

もちもち おいしい ラザニアの完成!!

レンジと
トースターで
楽々!!

イチオシ
のミートソースと
ホワイトソース

献立例

menu

餃子の皮で
もっちり
ラザニア

味見すすむ コールスロー
パプリカとトマトの真っ赤なスープ

ハヤシパイ

ホームパーティや記念日にオススメ！
コクのあるハヤシを、パイ生地で包んだパイシチュー風レシピです。

材料（2人分）

玉ねぎ … ½個
エリンギ … 1本
牛こま切れ肉 … 150g
オリーブオイル
　… 大さじ1
塩、こしょう … 各適量
薄力粉 … 大さじ1

A　トマトジュース … 150cc
　赤ワイン、トマトケチャップ
　　… 各大さじ2
　ウスターソース … 大さじ1
　しょうゆ … 小さじ1
　みりん … 小さじ½
　にんにくチューブ … 2cm分
　バター … 10g

冷凍パイシート … 2枚
溶き卵 … 1個分

1 フライパンにオリーブオイル大1を
中火で熱し、薄切りにした玉ねぎ
½個をしんなりするまで炒める。

ななめ薄切りしたエリンギと
塩こしょうをふった牛肉150gを
加えて炒める。牛肉の色が変わった
ら薄力粉大1を加え、粉っぽさ
がなくなるまで混ぜる。

2 フライパンにAを加える。
中火のまま6〜7分
煮詰めて火を止めて
しっかりと冷ましておく。

冷凍パイシート2枚は
冷蔵庫に移しておく。

POINT

パイシートは温度差で
大きく膨らむため、必
ず中身をよく冷まして
から包む。

3

冷凍パイシート
は器より少し
大きくくり抜い
ておく。

耐熱マグカップ
や器の7割の
高さまで2を入れ、
パイシートをかぶせ
しっかりふちにつける。

生地の表面に
溶き卵をぬり、
200℃に予熱
したオーブンで
15〜18分焼く。

POINT

チーズを一緒に包んで
もおいしい!

4

ぷっくりとした
サクサクの
パイ生地
の中には

コクのある
ハヤシ!

身も心も温まる一品。

中に
チーズを
入れても◎

クリスマスなどのイベント
にもぴったり!

すき焼きパイ

すき焼き風のあんをパイシートで包んで焼き上げました。
ちょっと小腹がへったときのおやつにもオススメです。

材料（2人分）

A 牛こま切れ肉 … 50g
　　玉ねぎ（薄切りにし半分に切る） … 1/8個
　　長ねぎ（斜め薄切り） … 5cm
　　砂糖、しょうゆ … 各小さじ2
　　酒 … 小さじ1

冷凍パイシート … 1枚
卵 … 1個
片栗粉 … 小さじ2

1

すき焼きの材料Aを
耐熱ボウルに入れて混ぜ、
ラップをしてレンジで3分。

卵1個をよく
溶きほぐしたら
半分に分けておく。

冷凍パイシート
1枚を解凍！

パイ用　つける用

卵1個を溶きほぐす

POINT

解凍した冷凍パイシートは、使う直前まで冷蔵庫で冷やしておくと扱いやすい。

2

片栗粉小2を加えてよく混ぜる。
パイシートをめん棒で軽く
伸ばして半分に切ったら、具材
をのせ、卵液をぬって成形。

ふちに卵液をぬり

残り
1つも
同様

半分に切り　具材をのせ　フォークで接着する。

POINT

すき焼きの粗熱がとれてから包む。

3

クッキングシートを敷いた天板に並べたら
表面にハケ等で卵液を薄くぬる。

200℃に予熱
したオーブンで
20分焼いたら
完成です！！

こんがりするよ

4

サクサクの すき焼きパイ の 完成！！

溶き卵をつけながら食べるとしあわせ

甘口のすき焼きと卵が
ぴったり！

献立の決め方

SNSでよくご質問いただくのが献立の決め方。
ここでは1週間分を例に、私なりの献立の決め方をご紹介します。

我が家では週単位で献立を考えています。まず1週間分の食べたいものをスケジュール帳に書き出して買い出しリストを作成、買い出しも基本的に週に一度にまとめています。

献立は曜日ごとにどんな料理だとうれしいか、家族に喜んでもらえるか、イメージしながら組み立てています。例えば、週はじめの月曜日は簡単に作れるレシピを選んだり、週の中日にはほっとできる和食、金曜日はにんにくをきかせたガッツリメニューにしたり。家族の誰かが大きな仕事を終えた日は大好物でプチ打ち

上げをすることもあります。

献立に悩んだら「レストラン風」「居酒屋風」など、テーマを決めることも。主菜に合わせて副菜や汁物を選びやすくなるし、食べるときも楽しい気分を味わえます。

もう一つ大切にしていることは、私自身が楽しく調理できる献立にすること。自分の仕事のスケジュールもふまえて「時間をかけずに作れるものに」「余裕がある日だから、煮込み料理を」などと考えています。

少しでも食事で家族の笑顔を引き出せたらいいなと思いを込めながら、日々献立作りを続けています。

STEP 1 食べたい主菜を書き出す

まずはP58で紹介した内容を意識しながら、食べたい主菜を1週間分スケジュール帳に書き出します。同時に、そのレシピに必要な材料をメモ用紙に書いていきます。献立と一緒に買い出しリストを作っていくと効率よく進めることができます。

STEP 2 余った食材で副菜を考える

STEP 1で作った買い出しリストを見ながら、残った食材で作れる副菜や汁物を考えます。例えばマーボーナス用に5本入りのナスを購入する場合、マーボーナスに使う2本以外は別日に焼きナスやみそ汁に使うなど。追加で必要な食材があれば、そのつどリストに書き足します。

STEP 3 栄養&色味を考えながら最終チェック

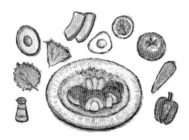

1週間分の献立が決まったら、栄養バランスと盛りつけたときの見映えに注目して見直します。華やかに見えるよう、「赤・黄・緑」の食材をそろえることを意識しながら「この日は赤色のトマトを追加しよう」というように、微調整していきます。完成したらリストを持って買い出しへ！

ある1週間の献立例

月 週初めはトースターでできる簡単レシピに!

- 明太焼きオムライス
- 長芋のもっちり焼き
- カットトマト
- みそ汁(ニラと玉ねぎ)

火 サクとろアボカドフライで元気をチャージ!

- サクサクアボチキンのみそマヨ
- 食べるミルクカレースープ
- 付け合わせ野菜
- ごはん

水 週の真ん中は和食×魚でほっと一息

- てりてり焼きブリじゃが
- ころころネバネバサラダ
- ごはん、みそ汁(豆腐わかめ)

木 平日ラストに向けてさっとできるものを!

- トマトつけ麺
- 焼きナスのにんにくじょうゆ
- チーズ替えめし(替え玉がわり!)

金 にんにく入りがっつりメニューで1週間おつかれさま!

- ナスと肉団子の辛みそ炒め
- さっぱり冷やしトマト
- 中華料理屋さんの卵スープ
- ごはん

土 週末は少し手をかけた"ごほうびレシピ"

- キーマカレー餃子パイ
- 味見すすむコールスロー
- とろあまあめ色ポタージュ
- ごはん

日 次の週への活力をつけるごはん!

- くるくるチンゲン菜しゅうまい
- 担々キャベツスープ
- とろとろバターしょうゆ玉ねぎ
- カットトマト
- ごはん

いただきます!

食卓を支える!
副菜&汁物

献立にかかせない副菜とスープ、みそ汁レシピを集めました。
さっと作れる簡単副菜から、
1杯で大満足の具だくさんスープまでたっぷりとご紹介。
その日の気分に合わせて選んでみてください。

明太揚げだし豆腐

たっぷりの明太子を合わせたちょっとぜいたくな揚げだし豆腐。
だしのやさしい味にほっと癒やされるはず♪

材料（2人分）

豆腐 … 4個
　（1個80gのものを使用）
片栗粉 … 適量
サラダ油 … 大さじ3
湯 … 120cc
めんつゆ（2倍濃縮）
　… 30cc

【トッピング】
大根おろし … 50g
大葉 … 1枚
明太子 … 30g

1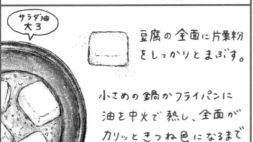

1個80g

4個入りの豆腐を1個ずつキッチンペーパーで包んで耐熱皿にのせ、ラップなしでレンジで3分チン。

≪加熱後≫

新しいキッチンペーパーで1個ずつ水気をふく。

POINT

レンジを使うことで、短時間で水きりができる。

2

サラダ油大3

豆腐の全面に片栗粉をしっかりとまぶす。

小さめの鍋かフライパンに油を中火で熱し、全面がカリッときつね色になるまで焼き、油をきって器に盛る。

POINT

豆腐がくずれないように、フライ返しでそっと返す。

3

お湯：120cc
めんつゆ：30cc（2倍濃縮）
を合わせてかける。

他にもトッピングするものを用意!!

 大根おろし50g　 千切りの大葉1枚　 ほぐした明太子30g

4

ほっこりおいしい

しみる〜

大葉と大根おろし、明太子をのせて。

楽々完成!!

焼いたナスやししとうを添えるのもオススメ。主役おかず並みの食べごたえに！

焼きナスの
にんにくじょうゆ

夫に「これはうますぎる！」と絶賛されたレシピ。
にんにくがきいたしっかり味なので、おつまみにもオススメです。

材料（2人分）

ナス … 2本
にんにく … 2片
サラダ油 … 大さじ½ ＋小さじ1
しょうゆ … 大さじ1

1

フライパンに サラダ油大½
を中火で熱し、ナスを皮目
から焼く。焼き色がつい
たら裏返して焼く。

ナス 2本 は ヘタを切り、
縦半分に 切ったら
皮目に格子状に 5mm幅
の切り込みを入れる。

POINT

1㎝幅の輪切りにした
ナスで作っても◎

2

にんにく 2片は 根元を
切って皮をむき、1片は
横薄切りに。もう1片は
みじん切りにする。

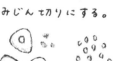

横薄切り
（芯は取り除く）

みじん切り

ナスを焼きつつ
にんにくを切る。

ナスの両面に焼き色
がついたら器に盛る。

3

にんにくじょうゆ
を作る!!

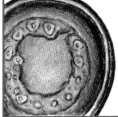

ナスを焼いたフライパン
にサラダ油 小1を足して
にんにくを弱火で炒める。

にんにくに 軽く焼き色
がついたら しょうゆ大1
をまわし入れ、10秒
数えて火を止める。

POINT

にんにくと一緒に軽く
加熱することで、しょ
うゆに香りが移り食欲
をそそる味に!

4

にんにくじょうゆをかけたらできあがり!!

うなる
程おいしい

簡単
しあわせ

おつまみにぴったり。ビ
ールと相性抜群です!

しめじゃガーリック

皮つきのじゃがいもと、大きめに切ったにんにくで食べごたえあり。
マヨネーズとトマトケチャップを使った味付けがくせになる一品です。

材料（2人分）

じゃがいも … 2個
にんにく … 2片
しめじ … 80g
オリーブオイル … 大さじ2

マヨネーズ … 大さじ1
トマトケチャップ … 小さじ1
塩 … 適量
粉チーズ、ドライパセリ … 各適量

1

じゃがいも 2個は皮つきのまま
よく洗って芽を取り除く。
一口大に切ったら水に5分
さらし、ラップをしてレンジで5分。

にんにく
2片は
縦4等分
に切る。

しめじ80g
は石づきを
取って
ほぐす。

2

フライパンにオリーブオイル大2
を弱火で熱し、焼き色がつくまで
にんにくを焼いて取り出す。

そのままのフライパンを中火
に熱し、キッチンペーパーで水気
をふいたじゃがいもを全面
カリッとするまでしっかり焼く。

3

じゃがいもに焼き色
がついたらしめじを
加えて2〜3分炒める。

マヨ　ケチャ　塩はしっかり
めに

最後にマヨネーズ大1、
ケチャップ小1を加えて
さっと炒めて塩で味
をととのえたら器に
盛り、にんにくをのせる。

4

皮つきの ザクザクじゃがいもが おいしい!!

粉チーズと

パセリをぱらり

MEMO

鶏肉やウィンナーを加え
てメインおかずにしても。
その場合は塩で味を調整
してください。

味見すすむコールスロー

ついつい味見が止まらなくなる!
シンプルだけど間違いなくおいしい自慢のコールスローです。

材料（2人分）

キャベツ、にんじん（各千切り）
　…計150g
ハム … 4枚
塩 … ひとつまみ

マヨネーズ … 大さじ2〜3
酢 … 小さじ2
砂糖 … 小さじ1
塩、こしょう … 各少々

1

キャベツとにんじんの
千切り合わせて150gに
塩ひとつまみをもみ込み
10分おいたら水分を
ぎゅっとしぼっておく。

待っている間にハム4枚
を細切りにしておく。

仕上がりが水っぽくな
らないように、水分は
しっかりとしぼる。

2

✓ キャベツ・にんじん
✓ 細切りのハム
✓ マヨネーズ
　　大さじ2〜3
✓ 酢 小さじ2
✓ 砂糖 小さじ1
✓ 塩こしょう少々

よく混ぜ合わせる。

3

マヨネーズと
塩こしょうで
味をととのえる。

4

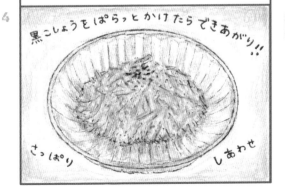

黒こしょうをぱらっとかけたらできあがり!!

さっぱり　　　　しあわせ

冷蔵庫で30分ほど冷
やすと味がなじみ、さ
らにおいしくなる!

我が家のベストポテサラ

我が家の副菜で大人気のウィンナー入りポテトサラダ。
すべての工程が耐熱ボウル1つでできるお手軽さもうれしいポイントです。

材料（2〜3人分）

きゅうり … ½本
玉ねぎ … ¼個
じゃがいも … 2〜3個（300g）
ウィンナー … 4本
塩 … ひとつまみ+小さじ¼
マヨネーズ … 大さじ5

砂糖 … ひとつまみ
こしょう … 10ふり
千切りキャベツ、ベビーリーフ（あれば）
　　… 各適量

1

薄切り

玉ねぎ½個は
薄切りにして半分
に切る。

きゅうり½本は
塩ひとつまみを
ふって10分おく。

じゃがいも300gは
皮をむいて4等分
に切り、水にさら
した後水気を切り
ふんわりラップをし
レンジで5分チン!!

ウインナー4本は3mm幅に切る。

POINT

新じゃがを使う場合は、
皮つきのままが食感が
よくオススメ!

2

じゃがいもに玉ねぎ
とウインナーを加え
ふんわりラップを
して600W2分チン。

熱いうちにざっくり
じゃがいもをつぶし
粗熱がとれるまで
少しの間おいておく。

3

粗熱がとれたら

✓ ぎゅっとしぼったきゅうり
✓ マヨネーズ 大5
✓ 塩 小¼
✓ 砂糖 ひとつまみ
✓ こしょう 10ふり

を加えて混ぜ合わせたら
冷蔵庫でよく冷やして完成!!

ひや〜

POINT

混ぜてすぐはゆるめ。
冷蔵庫でしっかり冷や
すことでちょうどよい
固さに仕上がる。

4

ウインナー
入りの
我が家
で1番
人気の
ポテト
サラダ!!

しあわせ〜

千切り
キャベツと
ベビーリーフ
の上に
丸く盛り
つけると
アイスみたい
で楽しい!!

ぎゅっ

アイスクリームディッシャ
ーで盛りつけたり、ラップ
で丸く包んでも!

万能ねぎごまみそ
秘伝の自家製ラー油

ごはんのおともにぴったりな常備菜レシピ2品。
そのままごはんにかけても、おかずに加えても!

万能ねぎごまみそ

材料（作りやすい分量）

長ねぎ（青い部分）… 5〜6本（250g）
ごま油 … 大さじ½
みそ … 大さじ2
白すりごま、白いりごま
　… 各大さじ1
砂糖、みりん、酒 … 各大さじ1
しょうゆ … 大さじ½
しょうがチューブ … 3cm分

秘伝の自家製ラー油

材料（作りやすい分量）

にんにく … 5片
ニラ … 3本
長ねぎ（白い部分）
　… 10cm
しょうが … 50g
サラダ油 … 大さじ5
白いりごま … 大さじ1

砂糖 … 小さじ5
しょうゆ … 大さじ1と½
塩、七味唐辛子、豆板醤
　… 各小さじ1
みそ … 小さじ½
ごま油 … 大さじ1と½

万能ねぎごまみそ

1
長ねぎの青い部分250g
はよく洗って水気をふいて
すべて葉切りにする。

(たくさんできるのですべて半量で作っても○)

2
小さめのフライパンに
ごま油 大さじ1/2
を中火で熱し、
半量くらいに
なるまでねぎを
よく炒める。

3
ねぎが半量になったら一度火を止めて、
✓ みそ 大さじ2
✓ すりごま・いりごま(白)
　砂糖・みりん・酒 各大さじ1
✓ しょうゆ 大さじ1/2
✓ しょうがチューブ 3cm

これらを加えて弱火で
とろみがつくまで煮絡める。

4
何にでも合う 万能ねぎごまみその完成!!

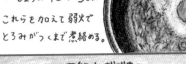

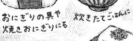

おにぎりの具や
焼きおにぎりにも

炊きたてごはんに

チーズトーストに

冷奴やお肉にも!!

しあわせ♡

秘伝の自家製ラー油

1

にんにく5片は
縦半分にてかって
芽を取り除き、
横に薄切りにする。

ニラ3本は
5mm幅に切る。

長ねぎの白い部分10cmと
しょうが50gは粗めの
みじん切りにする。

2
小さめのフライパンに にんにく、
長ねぎ、しょうが、サラダ油大5
を入れて、弱火で5分炒める。

↓

5分経ったら中火にして、具材
にほんのり焼き色がつくまで
4〜5分炒め、火を止めてすぐに
ニラと白いりごま大1を加えて混ぜる。

3
粗熱が取れたら下記の材料を加えて混ぜる。
✓ 砂糖 小5
✓ しょうゆ 大1と1/2
✓ 塩
✓ 七味唐辛子) 各小1
✓ 豆板醤
✓ みそ 小1/2

清潔な保存容器
に入れて冷蔵庫へ!

最後にごま油大1と1/2
とよく混ぜ合わせて完成。

4
目玉焼き丼に

塩焼きさばに
もよく合う

楽しみ方いろいろ ザクザクみそラー油♪

冷奴に

焼きキャベツに

きゅうりに

さっと作れる簡単副菜レシピ

きゅうりの おかか漬け

さっぱりおいしい浅漬けは
箸休めにも、おつまみにも!

▶ 材料／作り方（2人分）

1 きゅうり1本（120g）は塩小さじ½
をかけて板ずりをし、洗って水気をふ
きとり斜め3mm幅に切る。しょうが1片
は千切りにする。

2 ポリ袋に **1** とかつお節2g、塩小さ
じ⅓、ごま油小さじ1を入れ、全体が混
ざるようによく揉み込む。冷蔵庫で30
分以上冷やす。

しらすとキャベツの 焼きサラダ

息子と夫も大のお気に入り!
栄養満点の温サラダです

▶ 材料／作り方（2人分）

1 キャベツ3枚（約150g）は千切りに
し、しらすの大きさに合わせて2cm長
さに切る。

2 フライパンにごま油大さじ½を中
火で熱し、しらす干し100gと白いりご
ま大さじ1を入れて炒める。

3 **1**、かつお節4g、砂糖・しょうゆ
各大さじ½を加え、キャベツが半分の
かさになるまで炒める。

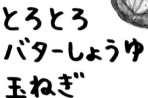

とろとろ バターしょうゆ 玉ねぎ

レンジで簡単!
玉ねぎの甘味が引き立つ一品

1 **玉ねぎ大½個**はくし切りにする。耐熱容器に入れてふんわりとラップをし、電子レンジで2分加熱する。とり出して混ぜ、さらに1分加熱する。
2 熱いうちに**バター5g**を加えて溶かす。**しょうゆ小さじ2**、**かつお節2g**を和えて器に盛り、**青のり適量**をかける。

長芋のもっちり焼き

さくっ! ほくっ! もちっ!
3つの食感が楽しめます

材料／作り方（2人分）

1 **長芋10㎝**は皮をむいて5㎜幅の輪切りにする。
2 フライパンに**サラダ油大さじ1**を中火で熱し、**1**の両面がこんがりするまで焼き、器に盛る。
3 **しょうゆ適量**をまわしかけ、**のり適量**をちぎってちらす。

自慢の味玉

何度でも食べたくなる
我が家の自慢の味玉です

▶ 材料／作り方（4個分）

1 鍋に湯を沸かし、冷蔵庫から出してすぐの**卵4個**をお玉でそっと入れ、強火で7分ゆでる。冷水にとって冷やし、殻をむく。
2 ポリ袋に**水170cc**、**砂糖大さじ1**、**塩・レモン汁各大さじ½**、**ごま油各小さじ1**、輪切りにした**赤唐辛子小さじ½**、包丁の腹でつぶした**にんにく1片**、**1**を入れて口を閉じる。冷蔵庫で6時間以上おく。

ころころネバネバ サラダ

栄養満点！
目にも楽しいカラフルサラダ

▶ 材料／作り方（2人分）

1 **トマト½個**、**きゅうり½本**、皮をむいた**長芋5cm**それぞれ2cm角に切る。
2 **酢大さじ1と½**、**しょうゆとごま油各大さじ1**、**白いりごま小さじ1**、**砂糖小さじ¼**、**にんにくチューブ1cm分**をよく混ぜ合わせ、**1**にかける。

さっぱり冷やしトマト

玉ねぎドレッシングで
さっぱり♪

材料／作り方（2人分）

1 トマト大1個は半分に切ってヘタを
とり、1cm幅にスライスして冷蔵庫でよ
く冷やす。

2 玉ねぎ¼個は粗みじん切りにして
耐熱皿に入れてラップをし、電子レンジ
で1分加熱する。**酢・サラダ油各大さじ1、
砂糖大さじ½、しょうゆ小さじ½、塩小
さじ¼、こしょう少々、きざんだ大葉1
枚分**を混ぜて冷やし、トマトにかける。

ピリ辛ニラダレ冷奴

辛いもの好きにオススメ！
タレはごはんや野菜にかけても◎

材料／作り方（2〜3人分）

1 ニラ1本は5mm幅に切る。

2 1と**しょうゆ大さじ½、
白いりごまとごま油各小さじ
1、コチュジャン小さじ½、
砂糖小さじ⅛**を混ぜる。豆
腐2〜3個にタレを適量ずつ
かける。

担々キャベツスープ

麺の代わりに細切りのキャベツをたっぷり入れたスープ。
甘いキャベツとピリ辛スープが相性抜群です!

材料（2人分）

キャベツ … ⅛個
ニラ … 3本
合いびき肉 … 50g
ごま油 … 大さじ½
豆板醤 … 小さじ1
しょうがチューブ、
　にんにくチューブ
　… 各2cm分

水 … 150cc
みそ … 小さじ2
顆粒中華スープの素、
　砂糖、オイスターソース
　… 各小さじ1
しょうゆ … 小さじ½
牛乳 … 200cc
白すりごま … 大さじ2

【トッピング】
ラー油、七味唐辛子、
　半熟卵（すべて好みで）
　… 各適量

1

鍋にごま油 大½ を中火で
熱し、豆板醤小1、しょうがと
にんにくチューブ 各2cm、
合いびき肉50gを 炒める。

= ジュール

キャベツ⅛個は
1cm幅に切る。

ニラ3本
は4cm
幅に切る。

2

鍋に材料を加え
沸騰したら中火で
3分煮詰める。

✓ キャベツ
✓ ニラ
✓ 水　　　　　　　150cc
✓ みそ　　　　　　小2
✓ 中華スープの素　小1
✓ 砂糖　　　　　　小1
✓ オイスターソース 小1
✓ しょうゆ　　　　小½

POINT

キャベツのほかに千切
りにしたにんじんや、
もやしを加えてもおい
しい。

3

✓ 牛乳　　　200cc
✓ すりごま　大2

すりごま　　牛乳

を加えて沸騰直前
まで加熱したら火
を止め、器に盛る。

お好みでラー油
や七味、半熱卵
をトッピングしても ◎

4

麺の代わりに

キャベツたっぷり!!

あっあつ
ピリ辛
ごはんに合う!!

食欲UP
しあわせ～

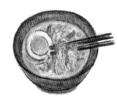

春雨を入れたり、そうめんのつ
けダレにするのもオススメ!

中華料理屋さんの 卵スープ

「お店の味みたい！」と毎回感動される自慢の卵スープ。
卵をふわっとさせるコツは火加減にあり！

材料（2人分）

卵…1個
水…500cc
しょうゆ…小さじ1
顆粒中華スープの素…12g

【水溶き片栗粉】
水…大さじ2
片栗粉…小さじ2

1

鍋に水500cc、しょうゆ小1、
中華スープの素12gを入れ
強火で熱する。

待っている間に
卵1個を
しっかり溶き
ほぐしておく。

水大2
片栗粉
小2

水溶き
片栗粉を
作っておく。

2

沸騰したら
水溶き片栗粉
をまわし入れ
強火のまま混ぜ
ながら加熱。

POINT

水溶き片栗粉をまわし
入れたらすぐにかき混
ぜる。

3

再び沸騰したら
卵を細くまわし入れ
10秒数えて火を止める。

火を止めるまでかき混ぜない!!

4

お店のような
ふんわり卵!!

この
シンプル
な味つけが
いい。

とろん
としあわせ

POINT

好みで、白いりごまや
小口切りにした小ねぎ
をトッピングする。

81

鶏大根の
しょうがみそ汁

すりおろししょうが入りで体の芯からぽかぽかに。
疲れたときに飲むと、ふっと楽になれるみそ汁です。

材料（2人分）

鶏もも肉 … 150g
しょうが … 1片
大根 … 8cm
ごま油 … 小さじ1

水 … 600cc
顆粒和風だしの素 … 小さじ1
みそ … 大さじ1
小ねぎ（小口切り）… 適量

1

鶏もも肉150g
は一口大に
切っておく。

しょうが
1片は
すりおろす。

大根8cmは
皮をむいて2cm幅
のいちょう切りにし、
耐熱ボウルに入れて
ふんわりラップをして
レンジで7分加熱。

2

鍋にごま油小1を中火で熱し、
鶏もも肉をさっと炒める。色が
変わったら 水600cc、顆粒だし小1
を加えて 強火にかける。

↓

沸騰したら アクをすくい、大根と
しょうがを加えて 中火で 8分
煮詰める。(大根がやわらかくなるまで)

POINT

最初にアクをとってお
くことですっきりと食
べやすく仕上がる。

3

弱火にして みそ大1
を加えて 溶かす。

(みその量は味見を
しつつ調整する!!)

器に盛り、小ねぎを
ちらしたらできあがり。

4

どこか
懐かしい

ほっとする
一杯!!

身も心も
ぽかぽか

しあわせ
なひととき

POINT

大根のほかに半月切り
にしたにんじん、ごぼ
うのささがきなどを加
えると満足度up!

皮ごとナスのポタージュ
とろあまあめ色ポタージュ

野菜のうまみがぎゅっとつまったポタージュレシピ2品。
とろんとおいしく、ほっとする味です。

皮ごとナスのポタージュ

材料（2人分）

ナス … 2本
にんにく … 1片
玉ねぎ … ½個
サラダ油 … 小さじ1
水 … 300cc
顆粒コンソメスープ
　の素 … 小さじ2

顆粒中華スープの素
　… 小さじ½
バター … 10g
牛乳 … 100cc
塩 … 適量
ドライパセリ
　（あれば）… 適量

とろあまあめ色ポタージュ

材料（2人分）

玉ねぎ … 2個
ハーフベーコン … 1枚
バター … 10g
塩、砂糖 … 各小さじ1
水 … 適量
牛乳 … 200cc

【仕上げ用】
塩、ドライパセリ、生クリーム … 各適量

皮ごとナスのポタージュ

1
鍋にサラダ油 小さじ1を中火で熱したら
- にんにく1片 みじん切り
- 玉ねぎ½個 薄切り
を入れて玉ねぎがしんなりするまでよく炒めたら、
- 皮っきのナス2本（一口大に切る）を加えて軽く炒める。

2
水300cc、コンソメ小さじ2、中華スープの素小さじ½、バター10gを加えて中火で10分煮て、火を止める。

粗熱がとれたら撹拌する。

ミキサーやハンドブレンダーを使って!!

3
牛乳100ccを加えて中火で温めたら、塩で味をととのえ、火を止める。

冷蔵庫でよく冷やして、冷製スープにしても

4

ナスのうまみが
ぎゅっ!!しあわせ
あればパセリをぱらっと。
皮ごとで栄養もたっぷり!!

とろあまあめ色ポタージュ

1
バター10gで玉ねぎの薄切り2個分を軽く炒めたら水100cc、塩と砂糖小さじ1を加えて混ぜる。

強火にしてしばらくおき、水が少なくなったら水100ccを加え混ぜる。
→ これを6〜7回
湯気がアツアツなのでミトンをつける!!

2
玉ねぎがあめ色になったら中火にして水200ccを加えひと煮立ちしたら火を止める。

粗熱がとれたらミキサーやハンドブレンダーでなめらかに撹拌する。

3

ベーコンの薄切りを1cm幅に切り、ホイルで包んでトースターで5分程度焼きカリカリにする。

玉ねぎペーストと牛乳200ccを鍋に入れ、中火で温めたら塩で味をととのえ火を止める。

4

玉ねぎの甘みがぎゅっ
カリカリベーコンとパセリ、あれば生クリームを少し。
ほっこりしあわせになれる味

アボカドのひんやりスープ
パプリカとトマトの真っ赤なスープ

野菜をたっぷり使った目にも楽しいカラフルなスープ。
洋風おかずと合わせてレストラン気分でどうぞ。

アボカドのひんやりスープ

材料（2人分）

アボカド … 1個
玉ねぎ … ¼個
水 … 150cc＋小さじ1
砂糖 … 小さじ1
塩 … 小さじ½
牛乳 … 100cc
オリーブオイル、こしょう
　… 各適量

パプリカとトマトの真っ赤なスープ

材料（2人分）

トマト … 1個
赤パプリカ … ½個
水 … 300cc
トマトケチャップ
　… 大さじ1
顆粒コンソメスープの素
　… 小さじ2

砂糖、塩
　… 各ひとつまみ
こしょう … 3ふり
オリーブオイル … 適量
粉チーズ（好みで）… 適量

アボカドのひんやりスープ

1 玉ねぎ¼個は薄切りにして耐熱ボウルに入れ、水小1をまわしかけたらラップをかけてレンジで2分30秒加熱する。

待っている間にアボカドを半分に切り、種と皮を除いたら一口大にカット。

2 玉ねぎの入ったボウルに材料を加え、ラップをかけてレンジで2分。

- ✓ アボカド
- ✓ 水　150cc
- ✓ 砂糖　小1
- ✓ 塩　　小½

3 粗熱がとれたら牛乳100ccを加えミキサーやハンドブレンダーでなめらかに撹拌し、冷蔵庫でよく冷やす。

器に盛り、オリーブオイルとこしょうを少しかける。

4

濃厚なアボカドのひんやりスープの完成!!

夏にオススメ!!　とろ〜りしあわせ

パプリカとトマトの真っ赤なスープ

1 トマト1個はヘタを取って1.5cm角に切る。

赤パプリカ½個はヘタと種を取って縦に細切りにし横半分に切る。

耐熱ボウルにパプリカとトマトを入れてラップをかけてレンジで3分加熱。

2 トマトをフォーク等でしっかりつぶしたら、材料を入れてラップをかけて追加で3分チン。

- ✓ 水 300cc
- ✓ ケチャップ 大1
- ✓ コンソメ　小2
- ✓ 砂糖　）各ひとつまみ
- ✓ 塩

加熱したらよく混ぜる。

3 最後にこしょうをふりオリーブオイルひとまわしをかけて器に盛りお好みで粉チーズをふってできあがり!!

4

真っ赤な洋風スープのできあがり!!

パプリカの食感が楽しい!!　すぐにできてしあわせ

食べるミルクカレースープ

野菜たっぷりの具だくさんで食べごたえがあるカレー味のスープ。
レンジで作れるお手軽さもうれしい!

材料(2人分)

玉ねぎ … ½個
にんじん … ½本
じゃがいも … 大1個
ウィンナー … 1袋(5〜6本)

牛乳 … 200cc
水 … 100cc
顆粒コンソメスープの素 … 小さじ2
カレー粉 … 小さじ1
薄力粉 … 小さじ½
塩、こしょう … 各適量
ドライパセリ … 適量

1

玉ねぎ½個、にんじん½本
皮をむいた 大サイズのじゃがいもは 2cm角
に切る。じゃがいもは 軽く水にさらす。

ウインナー1袋（5～6本）は
斜め4等分に切る。

2

大きめの耐熱ボウル
に 玉ねぎと にん
じん、水気を
きった じゃが
いもを入れて
ふんわりラップ
をかけて レンジ
で 6分加熱する。

3

耐熱ボウルに 材料を加え、ふんわりラップ
をかけて レンジで 6分加熱する。

- ✓ 牛乳 200 cc
- ✓ 水 100 cc
- ✓ コンソメ 小2
- ✓ カレー粉 小1
- ✓ 薄力粉 小½
- ✓ ウインナー

加熱後底からしっかり混ぜ、
塩、こしょうで味をととのえる。

小さなお子さんや辛い
ものが苦手な人は、カ
レー粉を小さじ½～⅔
に減らしても。

4

具だくさん でしあわせ!!

コクが
ある!!

パセリを
ぱらっと。

じゃがいもをさつまい
もに変えたり、しめじ
を加えたりしてもおい
しい！

テーマ別ごはん ❶

おうち居酒屋風

- ● 我が家のベストポテサラ → P70
- ● 長芋のもっちり焼き → P75
- ● 焼きナスのにんにくじょうゆ → P64
- ● さっぱり冷やしトマト → P77
- ● 明太揚げだし豆腐 → P62

居酒屋風のお品書き表を作れば
雰囲気アップ！

1品で楽ちん＆大満足！

ごはんもの＆麺

さっと作れるごはんもの＆麺は忙しいときにうれしい存在。
ここでは1杯で大満足のどんぶりものから、彩り豊かな炊き込みごはん、
ランチにぴったりなパスタやほっと温まるうどんまで
全21品をご紹介します。

明太焼きオムライス

お皿にごはんを詰めて、卵をかけてトースターで焼くだけ!
簡単においしくできるのでぜひ試してみてください。

材料（2人分）

あたたかいごはん
　…茶碗2杯分（300g）
明太子…80g
バター…4g
塩、こしょう…各適量
マヨネーズ…大さじ2～3

【卵液】
卵…3個
マヨネーズ…大さじ1

【トッピング用】
小ねぎ（小口切り）、刻みのり
　…各適量

1

耐熱皿 2皿に
あたたかいごはんを
150g ずつ入れ、バター
と塩こしょうを入れ混ぜる。

2人分で
明太子80g

ほぐして
30gとっておき

バター
2g ずつ

残りは明太マヨに

マヨ
大さじ2
〜3

耐熱皿の内側に薄く油
を塗っておくと洗い物
が楽になる。

2

表面をしっかり
平らにならした
バターライスに

・卵 3個
・マヨ 大1

よく混ぜた
卵液を半分ずつ
まわしかける。

ごはんに卵がしみ込ま
ないように、しゃもじ
などでしっかり押して
平らにする。すきまを
なくすようなイメージ。

3

トースターで2〜3分
様子を見つつ焼き
固まり方にムラが
出ないようお皿を
回転させた後
追加でもう
2〜3分焼く。
(total 5〜6min)

焼き時間は目安。様子
を見て、卵の表面が固
まるまで焼く。

4

あ
っという間
に
完成!!

しあわせ

卵で
包む
のが
苦手でも
うまく
できました

明太マヨ・明太子・ネギ・刻みのりをかける!

MEMO

2 でごはんと卵の間に
スライスチーズを入れる
とさらに濃厚に!

ぱぱっとキムチーズドリア

さっとできて食べごたえありの大満足ドリア。
とろとろのチーズとキムチを絡めてめしあがれ!

材料（2人分）

あたたかいごはん
　… 茶碗2杯分（300g）
ハーフベーコン … 1パック（40g）
長ねぎ（白い部分）… 6cm
キムチ … 100g

焼き肉のタレ … 小さじ2
しょうゆ … 小さじ1
卵 … 2個
ピザ用チーズ … 適量
ドライパセリ … 適量

1

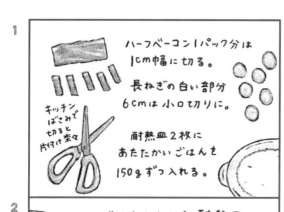

ハーフベーコン1パック分は
1cm幅に切る。

長ねぎの白い部分
6cmは小口切りに。

キッチン
ばさみで
切ると
片付け楽々

耐熱皿2枚に
あたたかいごはんを
150gずつ入れる。

2

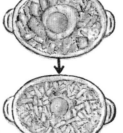

ごはんを入れた耐熱皿に

✓ キムチ　　50g
✓ 焼き肉のタレ 小1
✓ しょうゆ　　　小½
✓ ベーコン
✓ 長ねぎ

を入れてよく混ぜ合わ
せる。もう一皿も同様に!!

POINT

焼き肉のタレで簡単に
味が決まる!

3

中央を少し凹ませて
卵を一つずつ割り
入れ、チーズを
かけたらトースター
で7〜8分焼く。

パセリをかけて完成。

4

簡単
おいしい!! 一瞬でしあわせ

親子のとろろそぼろ丼

濃いめの味付けの鶏そぼろと、溶き卵、とろろが相性抜群！
炊きたてのごはんにたっぷりかけてどうぞ！

材料（2人分）

あたたかいごはん
　　…茶碗2杯分（300g）
鶏ひき肉…120g
しょうが（すりおろす）…½片
長芋…100g
卵…2個

しょうゆ、みりん、酒
　　…各大さじ1
砂糖…小さじ1
顆粒和風だしの素…小さじ½
小ねぎ（小口切り）、
　　刻みのり（ともに好みで）…各適量

1

鶏そぼろの材料

✓ 鶏ひき肉　120g
✓ しょうが　½片
　　すりおろし
✓ しょうゆ
✓ みりん　）各大1
✓ 酒
✓ 砂糖　　小1
✓ 顆粒だし　小½

小さめのフライパンに
材料を入れて中火にかけ
時々かき混ぜながら
汁気がなくなるまで
5分程煮詰める。

POINT

そぼろが焦げないよう
に注意する。

2

100g程

皮をむいた長芋
はすりおろす。

2つ

そぼろを作りつつ
卵2個をよく溶き
ほぐしておく。

3

炊きたてのごはんを2杯の
お茶碗によそい、とろろ
を半分ずつかける。

その上から溶き卵
を半分ずつ、鶏そぼろを
半分ずつかけたら完成。

POINT

卵の数は器の大きさに
合わせて1個にしても。
あふれないように注意。

4

最高の組み合わせの丼でしあわせ

お好みで
ネギや刻みのりを。

濃いめに
作ったそぼろ
がぴったり!!

おみそ汁と合わせてどんぶり
定食ランチ風に!

97

ステーグ丼

お肉のうまみをぎゅっと凝縮した、ステーキとハンバーグの間のような食感のどんぶり。
にんにくをきかせた玉ねぎおろしダレが絶品です!

材料（2人分）

あたたかいごはん
　… 茶碗2杯分（300g）
合いびき肉 … 200g
玉ねぎ … ¼個
にんにく … 1片

塩 … 小さじ¼
こしょう … 4ふり＋適量
サラダ油 … 小さじ1
しょうゆ、みりん … 各大さじ½
酢 … 小さじ¼

1

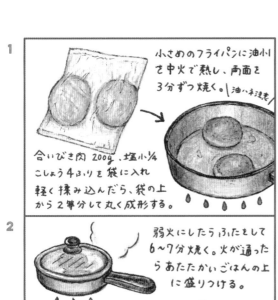

小さめのフライパンに油小1
を中火で熱し、両面を
3分ずつ焼く。|油ハ不要|

合いびき肉 200g、塩小¼
こしょう4ふりを袋に入れ
軽く揉み込んだら、袋の上
から2等分して丸く成形する。

2

弱火にしたらふたをして
6〜7分焼く。火が通った
らあたたかいごはんの上
に盛りつける。

待っている間に
玉ねぎ¼個、にんにく1片
をすりおろしてタレの
準備をしておく。

3

フライパンに残った肉汁に
玉ねぎとにんにくのすりおろし
しょうゆとみりん 各大½
酢小¼を加えて中火にかけ
どろっとするまで煮詰める。

お肉の上からタレとこしょう
をかけたらできあがり。
ハンバーグとステーキの間の
ような味わいです!!

POINT

生卵を割り入れて、ま
ろやかに仕上げてもお
いしい!

4

ステーキとハンバーグの間の **ステーグ丼**の完成!!

ガッツリ
肉々しい!!

おろしダレ
がぴったり!!
しあわせ

MEMO

タレは玉ねぎとにんにく
のすりおろしが入った、
ちょっぴりぜいたくなレ
ストラン風。焼いた肉や
野菜にかけてもおいしい
です!

トッポギ風餅チーズしそ豚

お餅を甘辛いトッポギ風のタレで煮絡めたレシピ。
大葉をはさんでいるので、濃いめのタレでも飽きずに食べられます。

材料（2人分）

切り餅 … 6切れ
溶けるスライスチーズ … 4枚
大葉 … 12枚
豚ばら薄切り肉 … 12枚
ごま油 … 小さじ1
白いりごま … 適量

【トッポギ風タレ】
コチュジャン … 大さじ2
砂糖 … 大さじ1
しょうゆ … 小さじ2
水 … 50cc
にんにくチューブ … 2cm分

1

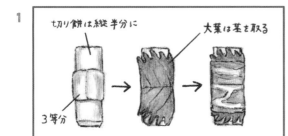

切り餅は縦半分に

大葉は茎を取る

3等分

お餅にチーズ・大葉・豚バラを巻きつける。

2

フライパンにごま油小さじ1を
中火で熱し、全面に焼き色
をつけたらふたをして
弱火で3分焼く。

巻き終わりを下にして
焼きはじめるとほどけない

チーズがはみ出してもOK

3

✓ コチュジャン 大さじ2
✓ 砂糖 大さじ1
✓ しょうゆ 小さじ2
✓ 水 50cc
✓ にんにくチューブ 2cm

余分な油をふいたら
合わせておいたタレを
入れて中火で1分煮絡める

4

いりごまをぱらり。 お箸が止まらない!!

もっちり

しあわせ

MEMO

作り方3のタレを照り焼
きダレにしてもおいしい!

【照り焼きダレのレシピ】
しょうゆ、みりん、酒
　…各大さじ1
みそ、砂糖
　…各大さじ½

ねぎもちーズ

お餅をウィンナーや長ねぎ、チーズと一緒に焼いたグラタン＆ピザ風のおかず。
食べごたえがあるので、さっと食べたいときのごはん代わりに！

材料（1人分）

切り餅 … 2切れ
ウィンナー … 2〜3本
長ねぎ（白い部分）… 5cm
ごま油 … 適量
ピザ用チーズ、こしょう
　　… 各適量

【タレ】
トマトケチャップ … 大さじ1
焼き肉のタレ、マヨネーズ
　　… 各小さじ1
にんにくチューブ … 少々

1

耐熱皿

ごま油を薄く塗る!!

くしゃっと丸めた アルミホイル を 重ねる。

2

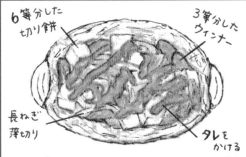

6等分した切り餅

3等分したウィンナー

長ねぎ薄切り

タレをかける

ケチャップ大1、焼肉のタレ&マヨ小1、にんにくチューブ少し

POINT

ボリュームがあるので、切り餅やウィンナーの量は好みで調整する。

3

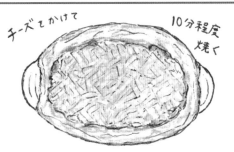

チーズをかけて

10分程度焼く

お餅がやわらかくなるまでトースターで焼く!!

POINT

様子を見ながら焼く。表面が焦げた場合はアルミホイルをかぶせて再度焼く。

4

黒こしょうをかけて完成!!

もちもちとろ〜りしあわせ

\食卓を彩る/
お楽しみ炊き込みごはん

鶏ときのこの
バターしょうゆごはん
P105

焼き鮭と長芋の
炊き込み
P105

とうもろこしと
アスパラごはん
P106

カマンベールと
トマトの炊き込み
P106

ほくほく
さつまいもごはん
P107

やみつき豚
しょうがごはん
P107

旅行気分の
いかめし
P108

ツナと塩こんぶ
ごはん
P108

まんぷくおこわ
P109

至福の簡単だし茶漬け　P109

鶏ときのこの バターしょうゆごはん

食感と香りを楽しむ、
絶品炊き込みごはん！

材料／作り方（2合分）

1 **米2合**はといで30分ほど浸水させ、水気をきる。

2 炊飯器の内釜に **1**、**しょうゆ大さじ2と½、みりん・酒各大さじ1、顆粒和風だしの素小さじ½**を入れ、2合の目盛りまで水を加えて混ぜ合わせる。

3 **鶏もも肉200g**（一口大に切る）、**にんじん⅓本**（千切り）、**好みのきのこ計200g**を加えて通常通り炊飯する。

4 器に盛り、**バター適量**をのせ、塩・こしょう各少々をふる。

焼き鮭と長芋の 炊き込み

ふっくらした鮭ととろんとした
長芋が相性抜群！

材料／作り方（2合分）

1 **米2合**はといで30分ほど浸水させ、水気をきる。**長芋200g**は皮をむき2cm角に切り、**しめじ100g**はほぐす。

2 **生鮭2切れ**は**塩小さじ½**をふって10分ほどおく。キッチンペーパーで水気をふき、**ごま油適量**を塗ったアルミホイルにのせ、中火のグリルで5分焼く。

3 炊飯器の内釜に**米、白だし大さじ3、酒・みりん各大さじ1**、2合の目盛りまでの水を入れて混ぜる。鮭、長芋、しめじを加えて通常通り炊飯する。

4 鮭の骨と皮をとり、軽く全体を混ぜて器に盛る。

とうもろこしと
アスパラごはん

プチプチ＆さくさく。2つの食感が楽しい!

材料／作り方（2合分）

1 米2合はといで30分ほど浸水させ、水気をきる。

2 とうもろこし1本は皮をむいてひげをとり、半分に切って包丁で実を切り落とす。**アスパラガス1束**は根元の固い部分を折り、2cm幅の斜め切りにする。

3 炊飯器の内釜に**1**、**しょうゆ大さじ1**、**塩小さじ⅔〜1**、**顆粒和風だしの素小さじ½**、2合の目盛りまでの水を入れて混ぜる。とうもろこしの芯と実を加え、通常通り炊飯する。

4 芯を取り出してアスパラガスを加え、10分ほど蒸らす。器に盛り、好みで**バター適量**をのせる。

カマンベールと
トマトの炊き込み

まろやかなチーズと
トマトの酸味があとをひく♪

材料／作り方（2合分）

1 米2合はといで30分ほど浸水させ、水気をきる。

2 炊飯器の内釜に**1**と2合の目盛りまでの水を入れる。水100cc分をとり除き、**しょうゆ大さじ1**、**塩小さじ½**を加えて混ぜる。

3 トマト中1個は包丁でヘタをくりぬき、反対側に浅く十字の切り込みを入れる。

4 **2**に**3**と**カマンベールチーズ90g**を加えて通常通り炊飯する。全体を混ぜ、**こしょう適量**をふる。

ほくほくさつまいも
ごはん

味付けは塩だけ！
ほっこりやさしい味わい

材料／作り方（2合分）

1 **米2合**はといで30分ほど浸水させ、水気をきる。**さつまいも200g**は2㎝幅の半月切り（またはいちょう切り）にし、10分ほど水にさらす。

2 炊飯器の内釜に**米**と**塩小さじ1**、2合の目盛りまでの水を入れて混ぜる。さつまいもを加え、通常通り炊飯する。器に盛り、**黒いりごま適量**をかける。

やみつき豚しょうがごはん

食欲をそそられる
スタミナ満点の炊き込みごはん

材料／作り方（2合分）

1 **米2合**はといで30分ほど浸水させて水気をきる。

2 炊飯器の内釜に**1**、**焼き肉のタレ大さじ4**、**酒大さじ1**、2合の目盛りまでの水を加えて混ぜ合わせる。

3 **豚こま切れ肉200g**を広げ入れ、**しょうが1片**（千切り）、**長ねぎ5㎝**（細切り）、**にんにく1片**（横薄切り）を加えて通常通り炊飯する。

4 器に盛り、**塩・こしょう各適量**で味をととのえ、半分に切った**半熟卵1個**（1人分）をそれぞれのせて**小ねぎ適量**をちらす。

旅行気分のいかめし

うまみたっぷり！
いかめし気分で楽しんで♪

材料／作り方（2合分）

1 **米2合**はといで30分ほど浸水させ、水気をきる。

2 炊飯器の内釜に **1**、**しょうゆ大さじ3**、**みりん大さじ1と½**、**酒大さじ1**、**砂糖小さじ2**、**オイスターソース小さじ½**を加える。2合の目盛りまで水を加えてよく混ぜ合わせる。

3 **にんじん⅓本**（千切り）、**しょうが1片**（細切り）、**いか200g**（輪切り）を加え、通常通り炊く。器に盛り、**小ねぎ適量**（小口切り）をちらす。

ツナと塩こんぶごはん

ツナと塩こんぶのうまみが
ぎゅっと詰まった一杯♪

材料／作り方（2合分）

1 **米2合**はといで30分ほど浸水させ、水気を切る。

2 炊飯器の内釜に **1**、**しょうゆ大さじ1**、2合の目盛りまでの水を入れてよく混ぜる。

3 水気をきった**ツナの水煮缶1缶**（70g）、**塩こんぶ15g**、**ミックスビーンズ**（または大豆の水煮）**50g**を加えて通常通り炊飯し、全体を混ぜて器に盛る。

まんぷくおこわ

身も心も満たされる!
おこわ風炊き込みごはん

材料／作り方（2合分）

1 米2合はといで30分ほど浸水させ、水気をきる。

2 炊飯器の内釜に **1**、しょうゆ大さじ3、みりん大さじ2、酒大さじ1、顆粒和風だしの素小さじ1を入れ、2合の目盛りまで水を加えてよく混ぜ合わせる。

3 鶏もも肉200gは両面に塩小さじ¼をふり、10分おいて一口大に切る。

4 **3**、塩ゆでした枝豆100g、水で戻したひじき5g、ほぐしたしめじ80g、にんじん½本（細切り）、切り餅1切れ（8等分にする）を **2** に加えて通常通り炊飯する。

5 餅が全体にいきわたるようによく混ぜて器に盛り、好みで塩少々をふる。

ごはんが余ったら
アレンジ!

至福の簡単だし茶漬け

1 炊き込みごはんが余ったときのお楽しみ。まずはぎゅっとおにぎりを2個程握る。

変身するよ

ぎゅっ、

2 小さめのフライパンにごま油大1程度と中火で熱し、おにぎりの両面がこんがりするまでよく焼く。

カリッ

3 おにぎりが焼けるのを待っている間に
お湯：120cc
白だし：大1
を合わせておく。

他にも薬味等を用意!!

小ねぎ　塩昆布　ごま等お好みで

4 カリカリのおにぎりに

あつあつのお出汁!!

心にしみるおいしさ。

しあわせ〜

香るにんにくトマトパスタ

たっぷりのトマトとにんにくで作るパスタは、シンプルだけど何度でも
食べたくなる一品。味付けは塩と砂糖だけで、野菜のうまみを引き出して。

材料（2人分）

パスタ … 200g
トマト … 大2個（または小3〜4個）
玉ねぎ … ½個
にんにく … 3片
オリーブオイル … 大さじ½

合いびき肉 … 100g
塩（味付け＋ゆでる用）
　… 小さじ1 + 2
砂糖 … 小さじ½
こしょう … 適量

1

トマト
2個

ヘタを取って2cm角に
切り、器に入れてフォーク
でしっかりつぶす。

玉ねぎ½個は
みじん切りに

にんにく3片 みじん切り
(大きめのものなら2片)

2

フライパンに オリーブオイル 大½を中火で熱し
にんにくを炒める。香りが立っ
たら 合いびき肉100gと
玉ねぎを加え炒める。
↓　火が通ったら
✓ つぶしたトマト
✓ 塩 小1
✓ 砂糖 小½
を加えて 5分煮る。

3

鍋に湯を1500cc.沸かし、
塩小2を加え、パスタ
200gを表示時間より
30秒短くゆでる。
↓
水気を切ったらフライパン
のトマトソースに加えて
さっと混ぜ合わせる!!

4

フレッシュなトマトとにんにくの香りが最高!

黒こしょう
をぱらり

しあわせ

ほうれん草のクリームパスタ

ほうれん草を1束使った栄養満点のパスタ。
色鮮やかな緑色のクリームソースが目にも楽しい一品です。

材料（2人分）

パスタ … 200g
玉ねぎ … ¼個
ハーフベーコン
　　… 1パック（40g）
バター … 10g

A ほうれん草 … 1束
　　牛乳 … 300cc

薄力粉 … 大さじ1
顆粒コンソメスープの素 … 小さじ2
クリームチーズ … 30g
塩（ゆでる用）… 小さじ2
こしょう、粉チーズ … 各適量

1

薄切りの玉ねぎ¼個
1cm幅に切ったベーコン40gを
バター10gで中火で炒める。

Ⓐ

ほうれん草1束は
1分塩ゆでして、
牛乳300cc
と一緒に
ミキサー等で
撹拌する。

POINT

ほうれん草は塩ゆでして水気をしぼり、根元を切り落としてざく切りにしてから撹拌する。

2

火を止めて薄力粉大1を絡める。
粉っぽさがなくなったら火にかけ、

弱中火

Ⓐ、コンソメ小2、
クリームチーズ30gを
加え、クリームチーズ
をつぶしながら
クリーム状になる
まで加熱する。

3

鍋に湯を1500cc沸かし
塩小2を加え、パスタ200g
を袋の表示時間通り
ゆでて水気をきる。
↓
フライパンのほうれん草
クリームにしっかり絡める。

4

鉄分たっぷり
緑のクリームパスタのできあがり‼

黒こしょう
粉チーズを
ぱらり

濃厚
しあわせ

POINT

ベーコンが見えるように盛りつけると彩り豊かに◎

113

豚のしょうが焼きうどん

ごはんのおとも、しょうが焼きは実はうどんとの相性も抜群！
たっぷりのお肉でボリューム満点なので、1皿で大満足なはず。

材料（2人分）

冷凍うどん … 2玉
豚こま切れ肉 … 200g
しょうが … ½片
玉ねぎ … ½個
酒、しょうゆ … 各小さじ1
片栗粉 … 適量
ごま油 … 大さじ1

【タレ】
しょうが … ½片
酒、しょうゆ、みりん、水、
　めんつゆ（2倍濃縮）
　… 各大さじ2
酢 … 小さじ½

小ねぎ（小口切り）、
　白いりごま … 各適量
温泉卵（好みで）… 2個

1

✓ 豚こま肉 200g
✓ おろししょうが 1/2片分
✓ 酒・しょうゆ 各小1

と袋に入れてもみ込み
10分おく。

⬜ 1片

おろししょうが
の半分はタレ
用にとっておく。

玉ねぎ1/2個は
半分を1cm幅のくし切りに。
もう半分はすりおろしておく。(タレ用)

2

豚こま肉を広げて両面に
片栗粉(適量)をまぶす。

フライパンにごま油大1を中火で熱し、玉ねぎと
豚肉を炒める。

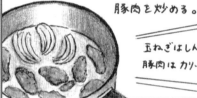

玉ねぎはしんなり、
豚肉はカリッとさせる!!

POINT
豚肉はしっかり広げて
から炒める。

3

火が通ったら下記のタレを
加えて1分煮詰める。

✓ 酒・しょうゆ・みりん・
水・めんつゆ 各大2
✓ 酢 小1/2
✓ すりおろしたしょうが・玉ねぎ

冷凍うどん2玉
は袋の表示通り
レンジで加熱
してからフライ
パンに加える。

火を止め、フライパンにうどん
を入れてさっと絡めたら
器に盛りつけて完成!!

4

温玉をのせて小ねぎといりごまとぱらり。

うどんに
よく合う!!

ボリューム
満点

POINT
温泉卵の代わりに半熟
卵をのせても。トロ〜
リ濃厚でおいしい!

鶏だしかぼちゃ クリームうどん

かぼちゃの甘みが楽しめるクリーミーなうどん。
鶏肉の煮汁で作るうまみたっぷりスープに癒やされて。

材料（2人分）

冷凍うどん … 2玉
鶏もも肉 … 1枚（200g）
かぼちゃ … 200g
しょうが（薄切り）… 1片
長ねぎ（青い部分）… 1本分
水 … 500cc
酒 … 大さじ1

牛乳 … 100cc
しょうゆ、みりん … 各大さじ½
塩 … 小さじ1
バター … 10g
小ねぎ（小口切り）、こしょう
　… 各適量

1

✓ 鶏もも肉 1枚 (200g)
✓ 一口大に切ったかぼちゃ200g
✓ 水 500cc
✓ 酒 大1
✓ しょうが 薄切り 1片
✓ 長ねぎの青い部分

鍋に材料を入れてふたをして火にかけ、沸騰したら中火で15分加熱する。

2

鶏もも肉、しょうが、長ねぎを取り出したら

||かぼちゃを軽くつぶす

✓ 牛乳 100cc
✓ しょうゆ・みりん 各大½
✓ 塩 小1
✓ バター 10g

を鍋に入れて沸騰直前まで中火で加熱して火を止める。

POINT

かぼちゃを軽くつぶすことでスープにやさしい甘さが広がる。

3

鶏肉は食べやすい大きさに切っておく。

冷凍うどん2玉は袋の表示通りレンジで加熱し1玉ずつ器に盛る。

うどんの入った器にスープを注ぎ、鶏肉を盛りつけたら完成!!

4

やさしくあたたかい クリーミーなうどん!!

小ねぎをぱらり

こしょうをかけるとよりおいしい

POINT

粉山椒をかけると風味豊かで大人向けの味になる。

トマトつけ麺

おうちでお店気分が味わえる濃厚トマトつけ麺です。
カリカリのチーズせんべいを添えてめしあがれ!

材料（2人分）

中華麺 … 2玉
玉ねぎ … ½個
ニラ … 3本
にんにく … 1片
半熟卵 … 2個
豚こま切れ肉 … 200g
ごま油 … 大さじ½
溶けるスライスチーズ … 1枚

【つけ汁】
　トマトジュース … 400cc
　顆粒中華スープの素 … 大さじ1と½
　しょうゆ … 大さじ1
　みりん、オイスターソース … 各小さじ1

1

ニラ3本は
3cm幅に切る

中華麺

玉ねぎ½個は
芽切りにする

お好みで

中華麺2玉
は袋の表示
通りにゆでて
冷水で冷やし
水気を切る。

にんにく1片
すりおろす

半熟卵を2つ作る

2 鍋にごま油大½を中火で熱し、にんにくを
炒める。香りが立ったら豚こま200gと
玉ねぎも加えて、火が通るまで炒める。

1分半 チン

チーズ
せんべい
を作る!!

クッキングシートを敷いた皿に
溶けるスライスチーズをのせ、チン!!

3 豚肉に火が通り、
玉ねぎがしんなりしたら
つけ汁の材料と
ニラを加える。

つけ汁が絶品!!

ひと煮立ちしたら
火を止め、器に盛る。

4

濃厚トマトつけ麺の
できあがり!!
お店気分でしあわせ

お好みでのりを!!

余ったつけダレにごはんと
チーズを入れてリゾットにしても◎

POINT

チーズせんべいはラッ
プをせずそのままチン。
固まらない場合は様子
を見て10秒ずつ追加
で加熱する。完成した
ら半分に切る。

いちおし! トマトリゾット
風アレンジ♪

テーマ別ごはん ❷
休日のカフェ風パスタランチ

テーブルクロスを敷いたり、メニュー表
を飾ったりしてカフェ気分を楽しんで♪

● **香るにんにくトマトパスタ** → P110
● **味見すすむコールスロー** → P68
● **とろあまあめ色ポタージュ** → P84

120

おうちカフェ時間に！

おやつ

さっと作れるおやつトーストから、
おもてなしにぴったりな焼き菓子まで8品をご紹介。
自分へのちょっとしたごほうびに、
大切な人への贈り物に作ってみてください。

ジューシーいちごマフィン

いちごを使ったちょっとぜいたくなマフィンは贈り物にもぴったり。
甘さはひかえめにして、いちご本来の甘みと酸みをいかしています。

材料（直径6cmのマフィン型6個分）

いちご … 10粒
卵 … 1個
ホットケーキミックス
　　… 150g

牛乳 … 大さじ6
砂糖 … 大さじ4
サラダ油 … 大さじ1
溶かしバター … 20g
チョコペン（ピンク）
　　… 適量

1

いちご10粒はヘタを取り、器に4粒入れてフォークで粗くつぶしておく。

卵はよくほぐしておく。

ざっくりつぶす

残り6粒は縦3等分にスライス。

2

- ✓ ホットケーキミックス 150g
- ✓ 牛乳 大さじ6
- ✓ 砂糖 大さじ4
- ✓ サラダ油 大さじ1
- ✓ 溶かしバター 20g
- ✓ 溶き卵
- ✓ つぶしたいちご

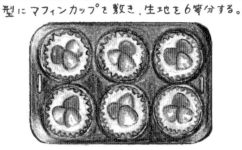

ボウルに材料を入れてよく混ぜ合わせる。

POINT

粉っぽさがなくなるまでしっかりと混ぜる。

3

型にマフィンカップを敷き、生地を6等分する。

いちごをのせたら180℃に予熱したオーブンで25分。

4

いちごがジューシーなマフィンの完成!!

しっとりしあわせ

ピンクのチョコペンでデコレーションしてもかわいい! プレゼントにも♡

POINT

チョコペンを使う前にマフィンの粗熱をしっかりとる。ピンク以外にも白や茶色のチョコペンを使ってもかわいい!

小さなバスク風チーズケーキ

マフィン型で作る小さめサイズのかわいいバスク風チーズケーキ。
しっとり濃厚なケーキでしあわせなひとときを。

材料（直径6cmのマフィン型6〜7個分）

クリームチーズ … 200g
グラニュー糖 … 60〜80g
卵 … 2個
生クリーム … 200cc
薄力粉 … 大さじ1と½

1

クリームチーズ200gを
なめらかになるまで混ぜたら
グラニュー糖60〜80g
を加えて混ぜ合わせる。

よく溶きほぐした卵2個を
3回に分けて加え
よく混ぜ合わせる。

POINT

クリームチーズ、卵、
生クリームは常温に戻
しておく。

2

生クリーム200ccを加えて
よく混ぜ合わせる。
(泡立てないよう気をつける)
↓
薄力粉大1と½を
ふるい入れて混ぜる。

オーブンを250℃に予熱する。

3

型にマフィンカップを敷き、こしながら生地を注ぐ。

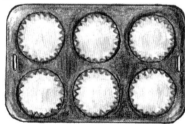

余った生地
は耐熱の
ココット等に
注いで焼く。

250℃のオーブンで20分、180℃で10分焼く。

4

冷蔵庫で半日冷やしたらできあがり‼

外はさっくり
中はしっとり

小さめで
かわいく
食べや
すい♡

POINT

冷蔵庫でしっかり冷や
すことで外はさっくり、
中はしっとりに仕上が
る。

カリカリシュガーバター トースト

クイニーアマンをイメージしたカリカリもっちりごほうびトースト。
バターの香りをとじこめるように、フライパンでじっくり焼いてください。

材料（1枚分）

食パン（5枚切り）… 1枚
バター… 15g
グラニュー糖 … 小さじ2〜3

焦げやすいので様子を
見ながら焼く。

1

バター
10g

小さめのフライパンにバター
を中火で熱し、食パン
の片面を焼く。

焼き色がつい
たら一度取り出す。

2

弱中火にしたら
グラニュー糖と
バターを加え
菜箸等で混ぜ
ながら溶かす。

グラニュー糖
小2〜3　　バター 5g

グラニュー糖の量
はお好みで!!

3

食パンのまだ焼いていな
い面を下向きにして、
焦げないよう様子
を見ながら焼く。
(弱中火のまま)

シュガーバターをよく
絡めたらできあがり!!

4

クイニーアマン
のように
表面が
カリカリ
もっちり
仕上がる!

甘くてしあわせ

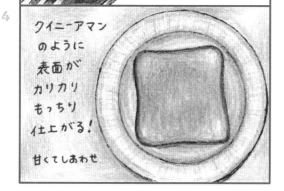

バニラアイスを添えれば
カフェ風おやつに♪

127

野菜を食べるケーキ

おやつ感覚で野菜をたっぷり食べられるケークサレ。
おやつやブランチはもちろん、ピクニックにもオススメです!

材料（18cm×8cm×高さ6cmのパウンドケーキ型1台分）　※野菜は一例

ホットケーキミックス … 150g
卵 … 1個
粉チーズ、牛乳、サラダ油
　… 各大さじ2
顆粒コンソメスープの素
　… 小さじ½
こしょう … 3ふり

じゃがいも … 小1個
にんじん … ⅓本
ブロッコリー … ¼株
玉ねぎ … ¼個
ハーフベーコン … 1パック（40g）
クリームチーズ（あれば）… 適量

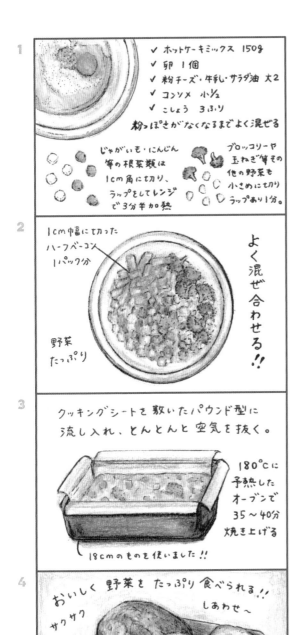

1

✓ ホットケーキミックス 150g
✓ 卵 1個
✓ 粉チーズ・牛乳・サラダ油 大2
✓ コンソメ 小½
✓ こしょう 3ふり

粉っぽさがなくなるまでよく混ぜる

じゃがいも・にんじん等の根菜類は1cm角に切り、ラップをしてレンジで3分半加熱

ブロッコリーや玉ねぎ等その他の野菜を小さめに切りラップあり1分。

2

1cm幅に切ったハーフベーコン1パック分

野菜たっぷり

よく混ぜ合わせる!!

3

クッキングシートを敷いたパウンド型に流し入れ、とんとんと空気を抜く。

180℃に予熱したオーブンで35〜40分焼き上げる

18cmのものを使いました!!

4

おいしく 野菜を たっぷり 食べられる!!

サクサク

しあわせ〜

30秒程チンしたクリームチーズが合う!!

野菜はさつまいもやかぼちゃ、下ゆでしたほうれん草などを使ってもおいしい!

MEMO

パウンドケーキ風で野菜嫌いのお子さんでも食べやすいと思います!

じゃがバタークッキー

外はさっくり、中はしっとり。ほんのりやさしい味のじゃがいもクッキー。
小さなお子さんのおやつにも、大人のおつまみにも◎

材料（18枚分）

じゃがいも … 150g
バター… 30g
砂糖 … 大さじ2
マヨネーズ … 大さじ1
粉チーズ … 大さじ½
塩 … ひとつまみ

薄力粉 … 大さじ5
片栗粉 … 大さじ4

【仕上げ用】
塩、青のり … 各適量

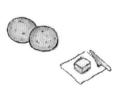

1

皮をむいたじゃがいも150gは
一口大に切り、ラップをしてレンジで
5分加熱。熱いうちにバター30gを
加え、なめらかになるまでつぶす。

↓

✓ 砂糖 大2　✓ マヨネーズ 大1
✓ 粉チーズ 大½　✓ 塩 ひとつまみ
を加えて しっかり混ぜる。

POINT

じゃがいもの塊がなく
なるように、フォーク
やマッシャーでしっか
りとつぶす。

2

✓ 薄力粉 大5 ✓片栗粉 大4を
ふるい入れ、ゴムべらで切る
ように混ぜ、ひとまとめにする。

マチなしの袋に生地を入れたら
麺棒で5mm厚さに伸ばす。
冷蔵庫で30分寝かせる。
(ルーラーや菜箸を使って
均一に生地を伸ばす)

3

袋をはさみで開いたら、生地を包丁で18等分
に切る。クッキングシートを敷いた天板に並べる。

大人用・おつまみ用
には 塩を少しずつ
かけるのも◎

青のりも合います!

170℃に予熱したオーブンで 25～30分 焼く。

POINT

焼き色を見ながら焼き
時間を調整する。

4

バターが香るじゃがいもクッキーの完成!!

外は
さっくり
中はしっとり

大人も
子どもも
楽しめる!!

POINT

粗熱がとれたころが食
べごろの食感。時間を
おくと固くなってしま
う場合があるため、作
ったその日のうちに食
べるのがオススメ!

しっとりごちそう バナナマフィン

完熟バナナをたっぷり使ったしっとり食感のマフィン。
底にクッキーを敷くことでおいしさアップ!

材料（直径6cmのマフィン型6個分）

バナナ … 2本
卵 … 1個
ソフトクッキー
　（カントリーマアムを使用）… 4枚
ホットケーキミックス … 150g

牛乳 … 大さじ4
砂糖 … 大さじ3
サラダ油 … 大さじ2
溶かしバター … 20g

1

熟したバナナ
2本を**フォーク**で
ざっくりとつぶす。

卵1個
はよく
ほぐす。

ソフトクッキー4枚
は袋の上から粗くつぶす。

POINT

「カントリーマアム」
など、チョコチップ入
りのクッキーがオスス
メ！

2

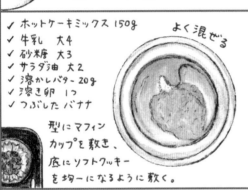

✓ ホットケーキミックス 150g
✓ 牛乳　大4
✓ 砂糖　大3
✓ サラダ油　大2
✓ 溶かしバター 20g
✓ 溶き卵 1つ
✓ つぶしたバナナ

よく混ぜる

型にマフィン
カップを敷き、
底にソフトクッキー
を均一になるように敷く。

3

型に6等分した生地をスプーンで入れる。

180℃に予熱したオーブンで25分焼く。

POINT

生地の上に薄くスライ
スしたバナナをのせて
焼いても！

4

しっとり
ごちそうバナナマフィンのできあがり！！

底の
クッキーは
しっとり
甘みが残る!!

しあわせ

りんごバタートースト

りんごとバターのいい香りに包まれるスイーツ風トースト。
やさしい甘さでお子さんのおやつにもぴったりです。

材料（1人分）

食パン（5枚切り）… 1枚
りんご … ⅛個
砂糖 … 小さじ1
バター … 10g

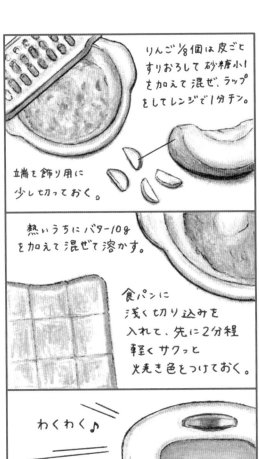

1 りんご1/8個は皮ごと
すりおろして砂糖小1
を加えて混ぜ、ラップ
をしてレンジで1分チン。

端を飾り用に
少し切っておく。

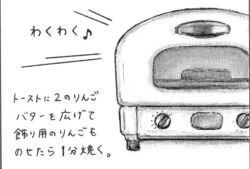

2 熱いうちにバター10g
を加えて混ぜて溶かす。

食パンに
浅く切り込みを
入れて、先に2分程
軽くサクッと
焼き色をつけておく。

POINT

食パンに切り込みを入
れることで、バターが
じゅわっとしみ込み、
よりおいしくなる。

3 わくわく♪

トーストに2のりんご
バターを広げて
飾り用のりんごも
のせたら1分焼く。

4 りんごの
香りが広がる

バターが
じゅわ〜!!

しあわせ　　　　　トースト

飾り用のりんごは、ク
ッキー型で星やハート
に切り抜いてもかわい
い!

しあわせみかんサンド

みかんの酸味とクリームチーズ入りのホイップでさわやかな甘さに。
食べるときはもちろん、作る時間からカットする瞬間までわくわくできるレシピです。

1

みかん2個
は皮をむき
半分に
割っておく。

5枚切り // 食パン2枚
は耳を切って
おく。

生クリーム 100cc
クリームチーズ 50g
グラニュー糖 12g
この3つを固め
に泡立てておく。

クリームチーズを入れ
るとクリームが固めに
仕上がり、くずれにく
くなる。

2

広げたラップの上に食パンと並べ、
それぞれにクリームの1/3の量をぬる。

図のように
みかんを並べ
残りのクリーム
で隙間を埋める

この向きにななめにカットすると
断面がかわいくなります!!

3

切る向きを忘れないよう
ラップの上から印を入れておく

ラップでぎゅっと包み
その上にバットか
平らなお皿を数枚
のせて重しにして、
冷蔵庫で30分冷やす。

重しをのせてしっかり
と冷やすことで切りや
すくなる。

4

しあわせ
な時間
を作ろう
♪♪

印に合わせて
包丁でななめ
にカットしたら
できあがり!!

4コマレシピができるまで

この本に掲載した4コマレシピはすべて手描きで制作しています。
ここでは制作背景を少しだけご紹介します！

（写真左から）無印良品　短冊型メモ　4コマ　100円／4コマレシピ原画／三菱鉛筆 色鉛筆880 36色セット（一部抜粋3036円）／三菱鉛筆 ジェットストリーム スタンダード 0.5㎜ 黒　165円／三菱鉛筆 ユニボール シグノ 0.5㎜ 黒　165円

4コマレシピを描きはじめたのは、無印良品の「短冊型メモ　4コマ」との出会いがきっかけ。一目見て、「ここにイラストレシピを描くと楽しそう！」と思いました。そこから家族が「おいしい」と喜んでくれたメニューができるたびに、4コマレシピを作るように。

レシピを描くときは、最初にどんな構図にするか考えながらノートに下描きをします。その際、見る方に伝わりやすい言葉選びを意識しながら、文章も一緒に考えます。構図と文章が決まったら、短冊型メモに描きはじめます。

描くときにこだわっていることは、レシピの工程はなるべく簡潔に描くということ。料理が進むにつれて変わっていく食材の見た目をシンプルに描き、イメージしていただきやすいよう意識しています。完成図は「おいしそう、作ってみたい！」と少しでも感じてもらえるように、細かいところまで描き込むよう心がけています。

「見るだけで楽しい気持ちになれて、作ってみるとおいしい」そんなレシピを目指して、約1年かけて描き溜めました。

STEP 1 下描きをする

無印良品の「短冊型メモ 4コマ」に色鉛筆で下描きをします。野菜や肉などの食材全般は「おうどいろ」か「つちいろ」、白米などの白い食べ物やお皿は「はいいろ」か「ねずみいろ」を使って淡く輪郭を描き、位置が決まったらはっきりと描き込みます。

STEP 2 薄く着色する

基盤となる色を薄く塗ります。その際、この絵のトマトのようにつやっと光っている部分は白く残すように、また影の部分はやや濃く色を塗るようにしています。鉛筆ではなく色鉛筆で下描きをすることで黒色がにじまず、きれいに色を塗ることができます。

STEP 3 色を塗り重ねる

料理の写真を見ながら細かいところまで描き込んでいきます。少しでもおいしそうに見えるように焼き色や野菜のつや、光と影を意識しながら色を塗ります。三菱鉛筆の色鉛筆は発色がよく、重ね塗りもきれいにできるので長年愛用しています。

STEP 4 ペン入れ&仕上げ

ジェットストリームの黒でリアルに見えるよう、輪郭を縁取ります。影は太く、その他はやわらかく優しいイメージで線を描きます。同じペンで文字も書き、矢印など太く濃く描きたい部分にはユニボール シグノを使用。背景に淡く色を入れて完成です。

139

おわりに

1冊目のレシピ本の発売後、たくさんの方からあたたかい
メッセージをいただきました。
みなさんから送っていただいた料理の写真やエピソードを
見ることが私の楽しみであり、また励みになっています。
いつもありがとうございます。

今回の本は、『しあわせ4コマレシピ』というタイトルにしました。
私にとっての「しあわせ」は、食卓にあることが多いです。
1日頑張って帰ってきた家族がごはんを食べて「おいしい、また食
べたい!」と喜ぶ顔を見られたとき、卵スープがふんわりできたとき、
鶏つくねからチーズがとろっとあふれだしたとき。
ささやかで小さなしあわせですが、たくさん集まると辛いことがあ
ってもそれを乗り越える力になってくれるような気がしています。

そんな小さなしあわせのきっかけを、たくさん詰め込めたらと思い
ながらこの本を作りました。
本を開いた方が少しでも楽しい気持ちになってくださったり、「今
日はいい日だったな」と思っていただけたらうれしいです。
最後まで読んでくださってありがとうございました。

まいのおやつ

140

巻末付録 メニュー表テンプレート

QRコードからPDFをダウンロードして厚手の用紙に印刷するか、
コピー用紙に印刷したものを画用紙や厚紙に貼って使ってください。

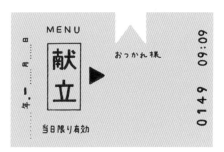

※圏外ではご使用できません。
※機種によってはご使用いただけない場合がございます。その際は直
　接こちらのページをコピーしてお使いください。
※機種ごとの操作方法や設定に関してのご質問には対応致しかねます。
※ご使用には別途通信料がかかります。
※サーバーメンテナンスなどにより、予告なく変更、休止、中止する
　場合がございます。

DLはこちら

おしながき

おしながき

おしながき

おしながき

STAFF

イラスト	まいのおやつ
撮影	市瀬真以
デザイン	細山田光宣、狩野聡子 （細山田デザイン事務所）
スタイリング	青木夕子
校正	東京出版サービスセンター
編集	長島恵理（ワニブックス）

Special Thanks　まいのおやつ夫、toka

［お問い合わせ先］
三菱鉛筆株式会社　0120-321433（お客様相談室）
無印良品 銀座　03-3538-1311

おいしい楽しい！
しあわせ4コマレシピ

著者　まいのおやつ

2023年2月1日　初版発行

発行者　横内正昭
編集人　青柳有紀

発行所　株式会社ワニブックス
　　　　〒150-8482
　　　　東京都渋谷区恵比寿4-4-9　えびす大黒ビル
　　　　電話　03-5449-2711（代表）
　　　　　　　03-5449-2716（編集部）
　　　　ワニブックスHP　http://www.wani.co.jp/
　　　　WANI BOOKOUT　http://www.wanibookout.com/

印刷所　株式会社美松堂
DTP　　株式会社明昌堂
製本所　ナショナル製本